Cornwall

Südengland

W0046937

Die Autorin
Dorothea Martin

war als Reporterin, Redak-
teurin und Moderatorin für
Funk und Fernsehen tätig.
1998 zog sie nach Bristol in
Südengland, wo sie seitdem
die Schönheit dieser Region
als Reiseleiterin und Reise-
buchautorin vermittelt. Sie
lebt abwechselnd in Bristol
und Berlin.

REISEPLANUNG

LAND & LEUTE

TOP-TOUREN IN SÜDENGLAND

Cornwall und der Südwesten _____ 42

Viel Küste bietet die lange Halbinsel von Cornwall und Devon, die sich weit hinaus in den Atlantik schiebt, mit Land's End als Westspitze Englands, der noch die Isles of Scilly vorgelagert sind. Das Landesinnere beherrschen die geheimnisvollen Landschaften von Bodmin Moor, Dartmoor und Exmoor.

Falmouth und Umgebung › Lizard Peninsula › Penzance und Umgebung › Isles of Scilly › Penwith-Halbinsel › St Ives › Redruth › Truro › Mevagissey › Lost Gardens of Heligan › Eden Project › Fowey › Newquay › Padstow › Port Isaac › Tintagel › Boscastle › Bodmin und Umgebung › Plymouth › Rame Peninsula › Looe und Polperro › Saltram House › Cotehele House › Dartmoor › Torquay › Torbay und Brixham › Totnes › Dartmouth und Kingswear › Greenway › Burgh Island › Exeter › Exmoor › Dunster › Lynton und Lynmouth › Ilfracombe › Woolacombe und Croyde › Lundy Island › Clovelly

Südenglands Mitte _____ 92

Kathedralen in Winchester, Salisbury und Wells, prähistorische Steinkreise in Stonehenge und Avebury, stilvolle Eleganz in Bath und maritimes Erbe in Bristol – große Vielfalt herrscht in Südenglands Mitte. Naturfreunde kommen auf der Isle of Wight oder an der grandiosen Küste Dorsets auf ihre Kosten.

Bristol › Bath › Longleat House › Stourhead › Wells › Cheddar › Glastonbury › Shaftesbury › Salisbury › Wilton House › Stonehenge › Avebury › Bornemouth und Poole › Isle of Purbeck › Durdle Door › Abbotsbury › New Forest › Portsmouth › Arundel › Petworth House › Isle of Wight › Winchester › Windsor Castle › RHS Wisley Gardens

Der Südosten _____ 123

»Garten Englands« nennt man die Grafschaften in Englands Südosten,
mit mächtigen Castles und verträumten Küstenorten. In Canterbury
ragt die ehrwürdige Kathedrale empor, das Seebad Brighton glänzt mit
prachtvoller Regency-Architektur.

Touren in der Region

Brighton › Seven Sisters und Beachy Head › Ditchling › Sheffield Park
Garden › Hastings › Rye › Royal Tunbridge Wells › Sissinghurst Castle
Gardens › Great Dixter Gardens › Canterbury › Chilham und Boughton
Aluph › Margate

Pednvounder Beach bei Porthcurno,
West-Cornwall

Erst-klassig

Die Kreidefelsen der Seven
Sisters zwischen Brighton und
Eastbourne

REISE-
PLANUNG

Die Reiseregion im Überblick

Auf viele, die nach England reisen, übt gerade die Südwestspitze mit den Grafschaften Cornwall und Devon eine ganz besondere Anziehungskraft aus. Darüber hinaus ist die gesamte Südküste mit ihrer landschaftlichen Schönheit und den vielen Kulturschätzen ein traumhaftes Reiseziel.

Die natürliche Grenze Südenglands bildet im Osten, Süden und Westen die englische Kanal- und Atlantikküste. Nach Norden hin fassen die Themsemündung, der Südhalbkreis der M 25, die Autobahn M 4 London–Bristol und die Meeresbucht Bristol Channel diesen Landesteil ein.

Im **Südwesten** Englands erhebt sich das Felsplateau der Halbinsel von **Cornwall** und **Devon** mit seinen wildromantischen Hochmooren (Dartmoor, Exmoor, Bodmin Moor) auf Granit- und Schiefergestein, das auch die zerklüfteten, immer wieder von hübschen Sandstränden unterbrochenen Felsküsten prägt. Hier finden Besucher die ursprünglichsten und wildesten Landschaften des Südens mit der üppigsten Vegetation vor. Im letzten Jahrzehnt wurde verstärkt in die Infrastruktur und den Tourismus investiert, weshalb beliebte Küstenstädtchen wie St. Ives oder ehemalige Schmugglerdörfer wie Polperro in den Ferienmonaten sehr gut besucht sind. Fernab der Hauptverkehrsrouten jedoch führen noch immer kurvenreiche, heckengesäumte Sträßchen in entlegene Fischernester und einsame Buchten. Ein subtropisches Paradies findet man auf den Isles of Scilly, die nur per Boot oder mit dem Skybus erreichbar sind.

In der **Mitte** Südenglands dominieren die Mündungsbecken zahlreicher Flüsse die Küstenlandschaft, insbesondere des Frome und Test (Southampton/Isle of Wight). Entlang des Ärmelkanals reihen sich zahlreiche Seebäder und Häfen aneinander, die mitunter bereits von den Römern gegründet wurden. Die Römer hielten ihre müden Knochen auch schon in das Quellwasser von Bath – der Kurort im Landesinneren verströmt heute pure klassische Eleganz. Mit Winchester und Salisbury verfügt die Region über zwei der bedeutendsten Bischofsstädte des Landes mit herrlichen Kathedralen. Ein weiterer gotischer Prachtbau steht im mittelalterlichen Wells. Auf der Kalksteinebene von Salisbury geben mythische Steinkreise wie Stonehenge oder Avebury seit Jahrhunderten Rätsel auf. Wer raus will in die Natur, sollte etwas Zeit im New Forest Nationalpark (zwischen Southampton und Bournemouth) verbringen, wo es sich ausgezeichnet wandern, radfahren und reiten lässt. Wegen ihrer abwechslungsreichen Landschaft zählt auch die vom Festland durch den Solent, einen Seitenarm des Ärmelkanals, abgetrennte Isle of Wight zu den meistbesuchten Urlaubsregionen Englands.

Der **Südosten** Englands ist traditionell das Einfallstor zur Insel, wo geschichtliche Ereignisse wie die Christianisierung durch den hl. Augustinus von Canterbury und die Eroberung durch die Normannen ihren Anfang nahmen. Die Küste dominieren Kreidefelsen, doch finden sich auch Flachküsten mit Kiesstrand sowie viele schmale Buchten. Im Hinterland finden sich liebliche Kreidehügel (North & South Downs) und fruchtbares Tiefland, wo Obst, Gemüse und Hopfen angebaut werden. In diesem »Garten Englands«, dem wirtschaftlichen Speckgürtel der Hauptstadt, haben sich schon immer viele Adlige ihre Herrenhäuser und stattlichen Burgen gebaut. Beliebtes Ausflugsziele am Meer ist das nur 50 Bahnminuten von London entfernte mondäne Brighton mit seinem königlichen Palast (Royal Pavilion) und der berühmten Seebrücke (Brighton Pier).

Extra-Touren

 Gartenrundreise in zwei Wochen

Tour-Übersicht:

Dover › **Brighton** › **Winchester** › **Abbotsbury** › **Exeter** › **Fowey** › **Falmouth** › **Penzance** › **Tintagel** › **Dunster** › **Bath** › **Stourhead** › **Salisbury** › **Dover**

Distanzen:

Dover › **Brighton** 150 km; **Brighton** › **Winchester** 120 km; **Winchester** › **Abbotsbury** 117 km; **Abbotsbury** › **Exeter** 135 km; **Exeter** › **Fowey** (über Mount Edgcumbe und Polperro) 175 km; **Fowey** › **Falmouth** 75 km; **Falmouth** › **Penzance** 50 km; **Penzance** › **Tintagel** 115 km; **Tintagel** › **Dunster** 150 km; **Dunster** › **Bath** 75 km; **Bath** › **Stourhead** 52 km; **Stourhead** › **Salisbury** 65 km; **Salisbury** › **Dover** 275 km.

Verkehrsmittel:

Da die Tour im Fährhafen von Dover beginnt und endet, lohnt sich die Fährüberfahrt mit dem eigenen Wagen.

Diese Tour führt einmal längs durch ganz Südengland und bietet neben den herrlichen Gartenanlagen und der Natur auch einige der Hauptsehenswürdigkeiten der Region.

Von **Dover** › S. 137 geht es ins Seebad ****Brighton** › S. 127 an der Südküste von Sussex. Auf dem Weg besuchen Sie die prächtigen ***Sissinghurst Gardens** › S. 133 und den **Sheffield Park** › S. 130. In Brighton selbst bietet sich ein abendlicher Bummel an der Strandpromenade an; Shoppingbegeisterte wird es in die ***Lanes** › S. 128 ziehen. Am nächsten Morgen steht das Herrenhaus ****Petworth House** › S. 115 auf dem Programm, bevor es weiter nach ****Winchester** › S. 120 geht, wo eine der prächtigsten Kathedralen Englands steht. Am nächsten Tag führt der Weg in die Grafschaft Dorset und an die Südküste. In **Abbotsbury** › S. 112 machen Sie Station und bewundern den subtropischen Garten. Über die A 35 gelangen Sie nach **Exeter** › S. 83, die Hauptstadt der Grafschaft Devon. Hier ist neben der Kathedrale auch das Hafenviertel eine Besichtigung wert. Die Schnellstraße 38 führt nun direkt nach **Plymouth** › S. 70, von wo aus Sie den Tamar nach Cornwall überqueren. Auf der **Rame Peninsula** › S. 72 können Sie kostenfrei in den herrlichen Gartenanlagen von **Mount Edgcumbe** › S. 73 wandeln. Wieder zurück auf der Schnellstraße, gelangen Sie in Windeseile zum elisabethanischen Landsitz ****Lanydrock House** › S. 69, bevor Sie im entzückenden Fischerort **Fowey** › S. 64 an der cornischen Riviera übernachten. Eindrückliche Erlebnisse versprechen das ****Eden Project** › S. 64 gleich nördlich von Fowey und der **Trelissick Garden** › S. 53, der auf dem Weg nach **Falmouth** › S. 51 liegt. Am nächsten Morgen sollten Sie auch den subtropischen **Trebah Garden** › S. 54 in einer Schlucht unweit von Falmouth nicht versäumen. Danach besuchen Sie die lebendige Hafenstadt **Penzance** › S. 56, die auch Startpunkt für einen Tagesausflug auf die ****Scilly-Inseln** › S. 57 ist. Weiter geht es an die cornische Nordküste. Nach dem Mittagessen und einem ausgedehnte Spaziergang in ****Padstow** › S. 66 ist **Tintagel** › S. 68, König Artus' Geburtsort, das Tagesziel. Anderntags erreichen Sie nach etwa einer Stunde den steilen Fischerort ****Clovelly** › S. XX, bevor Sie die spektakuläre Nordküste Devons kennenlernen, die auch »die englische Schweiz« genannt wird. Über **Lynton** und **Lynmouth** › S. 87 gelangen Sie ins mittelalterliche **Dunster** › S. 86 zu Füßen einer Burg. Hier bleiben Sie über Nacht. Über **Glastonbury** S. 105 und seine legendäre Abteiruine und die kleine Kathedralenstadt **Wells** S. 104 gelangen Sie in den eleganten Kurort **Bath** S. 101, wo Sie den Abend in Ruhe ausklingen lassen können. Der nächste Vormittag ist dem hochherrschaftlichen Herrensitz von **Longleat** S. 103 gewidmet, bevor Sie am späten Nachmittag in

Die Küste Cornwalls bei Land's End

der traumhaften Parkanlage von **Stourhead** S. 103 die Ruhe genießen und im Spread Eagle einkehren können. Der nächste Morgen führt Sie zum Steinkreis von ****Stonehenge** › S. 108. Bevor Sie in ****Salisbury** › S. 106 übernachten, sollten Sie noch **Wilton House** › S. 108 mit seinen vielen Van-Dyck-Gemälden besichtigen. Auf dem Weg zurück nach **Dover** haben Sie am letzten Tag Gelegenheit, die **Wisley Gardens** › S. 122 zu sehen und das Wasserschloss ****Leeds Castle** › S. 138 zu besuchen.

7 Tage durch König Artus' romantischen Westen

Tour-Übersicht:
Bristol › Bath › Wells › Tintagel › Exeter › Salisbury › Winchester › Avebury › Bristol

Distanzen:
Bristol › Bath 20 km; Bath › Wells 60 km; Wells › Tintagel 205 km; Tintagel › Exeter 100 km; Exeter › Salisbury 160 km; Salisbury › Winchester 40 km; Winchester › Avebury 80 km; Avebury › Bristol 75 km.

Verkehrsmittel:
Am angenehmsten ist für diese Tour sicher die Anreise mit einem günstigen Flug von und ab Bristol und das Anmieten eines Leihwagens.

Diese Route folgt den Spuren des Keltenkönigs Artus durch Südengland und streift dabei verschiedene kulturelle Höhepunkte. Nach Ihrer Ankunft in **Bristol** › S. 97 können Sie noch ein wenig Hafenatmosphäre schnuppern und fahren anschließend nach ***Bath** › S. 101, wo Artus 577 n. Chr. eine Schlacht gegen die Sachsen gewonnen haben soll. Auf dem Abteigelände in *Glastonbury › S. 105 finden Sie tags darauf seine Grablege und übernachten nahebei in der Kathedralenstadt **Wells › S. 104. Durch Somerset und Devon geht es nun Richtung Westen bis an Cornwalls Nordküste nach *Tintagel › S. 68, wo Artus angeblich geboren wurde. Am nächsten Tag fahren Sie durch das **Bodmin Moor** › S. 70, wo das Schwert Excalibur vermutet wird, nach *Exeter › S. 83. Nach dem Frühstück führt die Tour wieder Richtung Osten: Auf der A 303 gelangen Sie zum Steinkreis von **Stonehenge › S. 108, er gilt manchen als Grablege von Körnig Artus. Quartier finden Sie im benachbarten **Salisbury › S. 106 oder in **Winchester › S. 120, dessen Burg die Tischplatte der Tafelrunde birgt. Wenn Sie Landstraße fahren möchten, lohnt sich ein Abstecher nach **Avebury** › S. 109, einem wunderbar atmosphärischen, 5000 Jahre alten Steinkreis inmitten des gleichnamigen Ortes, bevor Sie sich wieder in **Bristol** einfinden.

Die Ruine von Tintagel Castle

Rosamunde Pilcher – 10 Tage zu den romantischsten Drehorten der Filme

Tour 3

Tour-Übersicht:

Brighton › Bournemouth › Purbeck-Halbinsel › Abbotsbury › Exeter › Dartmoor mit Castle Drogo › Plymouth › Mount Edgcumbe › Looe und Polperro › Fowey › Falmouth › Lizard mit Mullion Cove, Kynance Cove und Coverack › St Michael's Mount › Penzance › Minack Theatre › St Ives › Land's End › Padstow › Prideaux Place › Lanhydrock House › Exeter › Glastonbury › Wells › Bath › Longleat › Stonehenge › Salisbury › Brighton

Distanzen:

Brighton › Bournemouth 160 km; Bournemouth › Exeter 230 km; Exeter › Plymouth 105 km; Plymouth › Fowey 70 km; Fowey › Coverack 100 km; Coverack › Minack Theatre › St Ives 80 km; St Ives › Land's End › St Ives 75 km; St Ives › Exeter 200 km; Exeter › Bath 135km; Bath › Salisbury 90 km; Salisbury › Brighton 140 km.

Verkehrsmittel:

Mit dem eigenen Auto oder Mietwagen. Passend zum Thema wäre natürlich ein schnittiges Cabriolet angebracht.

Diese Rundreise führt Sie durch abwechslungsreiche Landstriche bis in die verschwiegenen Buchten West-Cornwalls in das Herzland der Filme nach Romanen von Rosamunde Pilcher. Vom mondänen Seebad ****Brighton** › S. 127, an dessen Pier Szenen für »Wenn nur noch Liebe zählt« spielen, fahren Sie über ****Arundel** › S. 115 und den New Forest nach **Bournemouth** › S. 110. Hier entstanden Teile von »Kinder des Glücks«. Am nächsten Tag werden Ihnen die Landschaften der **Purbeck-Halbinsel** › S. 111 vertraut vorkommen, wurden hier doch zahlreich Intros und Ausschnitte aus »Wenn nur die Liebe zählt« oder »Kinder des Glücks« gedreht. Mit der Fähre setzen Sie nach **Studland** über, wo der Gasthof The Bankes Arms Drehort für »Die Liebe ihres Lebens« war. Von ***Corfe Castle** › S. 112 fahren Sie zur ***Abbotsbury Swannery** › S. 112 , die im Film »Liebe im Spiel« Peters Schwanenzucht war. In ***Exeter** › S. 83, wo Sie übernachten, ist die »Magie der Liebe« vor allem in der Altstadt um die gotische Kathedrale herum zu erspüren. Am nächsten Tag geht es ins **Dartmoor** › S. 75, wo das Drews Arms Pub bei **Castle Drogo** › S. 77 und der bezaubernde Ort **Widecombe** › S. 76 ebenfalls wiederholt zum Drehort für das ZDF-Team wurden. Sie übernachten in **Plymouth** › S. 70, dessen Stadtteil Barbican oft Kulisse war, u. a. für »Wiedersehen in Rose Abbey« oder »Der Mann meiner Träume«. Am anderen Ufer des Flusses Tamar, auf der **Rame Peninsula** › S. 72 sollten Sie den Herrensitz **Mount**

Edgcumbe › **S. 73** einplanen (»Eine besondere Liebe«, »Küste der Träume«, »Paradies der Träume«, »Wohin Du auch gehst«) und auch in den Gartenanlagen wandeln, bevor Sie die kurvenreiche Landstraße nach **Looe** und **Polperro** › **S. 74** nehmen. Der Bahnhof von Looe und die Häfen der beiden Bilderbuch-Fischerdörfer dienten als Background für »Das Karussel des Lebens«. Derselbe Film führte das ZDF-Team auch nach **Fowey** › **S. 64**, wo Sie übernachten. Am nächsten Tag fahren Sie zum riesigen Naturhafen von **Falmouth** › **S. 51** und weiter zur **Lizard Peninsula** › **S. 54** , die Sie den Rest des Tages erkunden. **Mullion Cove** etwa war Schauplatz für »Wind der Hoffnung« und »Lichterspiele«, in **Kynance Cove** drehte sich das »Karussel des Lebens«. Nach der Übernachtung in **Coverack** › **S. 54** geht es am nächsten Morgen in den äußersten Westen von Cornwall. Der **St Michael's Mount** › **S. 56** ist eine beliebte Hintergrundkulisse für Autofahrten im roten Cabriolet durch heckengesäumte Straße. Er liegt in der Bucht von **Penzance** › **S. 56**, dessen Promenade, Lido und subtropische Parkanlagen in Filmen wie »Die Muschelsucher«, »Heimkehr« oder »Wolken am Horizont« erscheinen. Entlang der Küste fahren Sie über **Mousehole** und **Lamorna** zum **Minack Theatre** › **S. 58**, wo Emma Litton verzweifelt versucht, ihrem entfremdeten Künstlervater in »Lichterspiele« näherzukommen. In **St Ives** › **S. 59**, das in den Romanen der Pilcher unter dem Pseudonym Porthkerris vorkommt, übernachten Sie zweimal, um genügend Zeit für den bezaubernden Ort und die wilde Nordküste zu haben. Eine oft einspurige Küstenstraße bringt Sie entlang wilder Felsenabschnitte und vorbei an kleinen Fischer- und Bergarbeiterdörfern nach **Land's End** › **S. 58**. Am folgenden Tag führt die Route wieder in Richtung Osten. Die Fahrt nach **Padstow** › **S. 66** ist ein Muss für alle Serienfans, denn oberhalb des schicken Hafens steht **Prideaux Place,** ein intimer

St Michael's Mount – auch ohne rotes Cabrio im Vordergrund ein großartiger Anblick

› Karte
Umschlag

Die Kathedrale von Wells

Herrensitz, in dem die Kameras des ZDF am häufigsten surren. Einige Fotos in der großen Halle erinnern an den Besuch der Autorin beim Hausherrn, bei den meisten Drehs eine Minirolle zugestanden bekommt. Wenn Sie auf der Schnellstraße 30 bei **Bodmin** › S. 69 den braunen Schildern folgen, stehen Sie nach wenigen Minuten vor akkurat geschnittenen Topiaren und einem mittelalterlichen Tor zum imposanten **Lanhydrock House** › S. 69. Welch eine Filmkulisse für »Im Zweifel für die Liebe« und »Klippen der Liebe«! Danach heißt es Abschied nehmen von Cornwall. Zum Schlafen fahren Sie zurück nach **Exeter** › S. 83, um am nächsten Tag die Abteiruine von **Glastonbury** › S. 105 unterhalb des mysteriösen Tors und die wunderschöne Kathedralenstadt ****Wells** › S. 104 zu besuchen. Quartier beziehen Sie in **Bath** › S. 101. Im Film »Herzensfragen« fahren die Protagonisten Nic und Duncan zum Badeurlaub in den eleganten Kurort, die Szene beginnt mit Luftaufnahmen der Abtei und der klassizistischen Pulteney Bridge. Der elisabethanische Herrensitz **Longleat** › S. 103 der Lordschaften von Bath nimmt mindestens den halben nächsten Tag in Anspruch, sodass Sie über ****Stonehenge** › S. 108 (»Die Liebe ihres Lebens«) am Abend ****Salisbury** › S. 106 Salisbury erreichen. Am kommenden Vormittag sollten Sie unbedingt die Kathedrale besichtigen, in der Szenen von »Die Liebe ihres Lebens« spielen, bevor Sie sich auf den Rückweg nach Brighton begeben. Wenn es Ihr Zeitplan zulässt, lohnen Zwischenstopps in **Portsmouth** › S. 115 und **Arundel** › S. 115.

Klima & Reisezeit

Das milde Klima des englischen Südwestens wird vom Einfluss des Golfstroms bestimmt – mit vorherrschenden Winden aus Südwest und Neigung zu häufigen Schauern. Palmengewächse sind deshalb in den Gärten von Cornwall und Devon als Zierpflanzen beliebt, die durchschnittliche Jahrestemperatur liegt bei 11 °C. Im Osten gleicht das Wetter eher dem der Kontinentalküsten am Ärmelkanal, mit Frühnebel und vielen Wolken im Frühjahr und Herbst. Immerhin sind die Verhältnisse auch dort gut genug, dass Weinbau möglich ist. In den letzten Jahren ist die mittlere Wassertemperatur an der Südküste auf 12–17 °C angestiegen. Außerdem gab es eine Reihe ungewohnt trockener Sommer, denen seit 2007 jedoch eher niederschlagsreiche Sommer mit sehr heftigen Regenperioden und trockene, teilweise ungewöhnlich kalte Winter folgten. Durchschnittlich erleben die Küstenregionen Südenglands jedoch noch immer mehr als 1600 Sonnenstunden im Jahr.

Wettervorhersagen für viele Städte bietet die Website http://news.bbc.co.uk/weather.

Wann wohin

Die beste Reisezeit für Südengland liegt zwischen Mai und September. Allerdings sind auch die meisten britischen Familien während der sechswöchigen Schulferien in England und Wales von Juli bis September unterwegs. Freunde von atlantischem Wind und Wetter sollten daher erwägen, im Mai/Juni oder Ende September/Anfang Oktober den im Sommer überlaufenen, aber gerade im Herbst oft grandiosen Südwesten zu bereisen. Auch die Preise sinken in der Nebensaison spürbar.

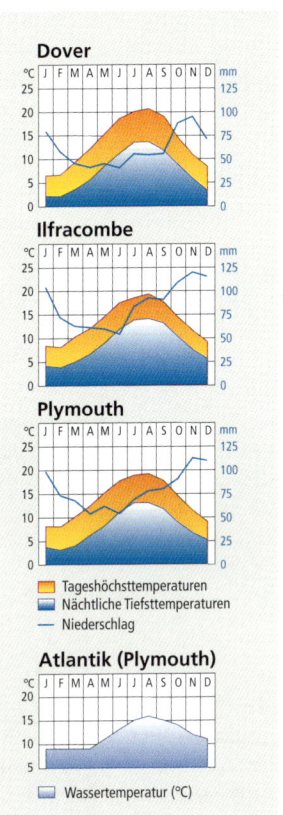

Anreise

Mit dem Auto

Der Tunnel unter dem Ärmelkanal verbindet das Festland (bei Calais) mit der Insel (westlich von Folkestone). Der **Autozug** Le Shuttle benötigt 35 Min. für die Strecke – die Grenzformalitäten werden vor der Abfahrt erledigt (www.eurotunnel.com).

Die Reedereien versuchen mit modernisierten **Fähren** konkurrenzfähig zu bleiben und locken zur »Kreuzfahrt über den Kanal«. Eine Übersicht mit direkten Links zu den Fährgesellschaften bietet www.visitbritain.com; eine Buchung ist auch über Reisebüros möglich.

Mit der Bahn und Fernbussen

Die schnellen Eurostar-Verbindungen durch den Tunnel nach London benötigen von Brüssel-Midi knapp 2 Std. und von Paris-Nord 2 Std. 15 Min. Fahrzeit. Von Köln nach Brüssel bzw. Paris fährt der französische Hochgeschwindigkeitszug Thalys – fragen Sie nach dem vergünstigten Eurostar-London-Ticket ab Köln (www.bahn.de). Der Eurostar endet in Londons Bahnhof St. Pancras bei King's Cross.

Fahrplanmäßige Fernbuslinien verbinden etliche Großstädte auf dem Kontinent vor allem mit London. **Eurolines** bietet Busreisen nach Dover und London; auch Anschlussfahrkarten, Reservierungen (Infos: Deutsche Touring GmbH, Am Römerhof 17, 60486 Frankfurt/Main, Tel. (0 69) 790 35 01, www.eurolines.de).

Mit dem Flugzeug

Für Flugreisende kommen zumeist die Londoner Flughäfen in Betracht; am günstigsten liegen Heathrow (im Westen der Stadt; www.heathrowairport.com) und Gatwick (im Süden; www.gatwick airport.com). Billigflieger landen meist am Flughafen London Stansted (www.stanstedairport.com), der eine gute Stunde nördlich der Hauptstadt liegt.

Auch regionale Flughäfen wie Bristol, Southampton und Exeter haben inzwischen viele Direktverbindungen zum Kontinent.

Reisen im Land

Mit der Bahn

Bei 27 privaten Bahn-Unternehmen ist das Reisen mit dem Zug in Großbritannien zum Verwirrspiel geworden. Die Devise heißt: Schon vorab für gute Informationen sorgen. Sehr hilfreich ist hier die Website von Visit Britain › S. 139, wo auch über Spartickets und Sondertarife informiert wird, die nur im Heimatland zu erhalten sind. Vor Ort leisten www.nationalrail.co.uk, Tel. 08457-484 950 (aus Deutschland 00 44-(0)20-7278 5240), oder www.thetrainline.com gute Dienste. Der Südosten wird hauptsächlich von South Eastern Rail (www.southeasternrailway.co.uk) bedient.

Man fährt meist günstiger, wenn man die Hauptrouten über London meidet. Oft ist der Kauf zweier Einfachkarten billiger als die kombinierte Hin- und Rückfahrkarte.

Wer mit Kindern unterwegs ist, sollte sich die **Family & Friends Railcard** kaufen (www.familyandfriends-railcard.co.uk). Für £ 28 können damit bis zu 4 Erwachsene und 4 Kinder verbilligt (Erwachsene 33 %, Kinder 60 %) Zug fahren. Außerdem gibt es bei Railcard-Partnern in Hotels und Restaurants verbilligte Preise.

Mit Bussen

Der größte britische Fernbusbetreiber, **National Express**, hat ein recht enges Streckennetz zwischen größeren Orten und meist preisgünstigere Tarife als die Bahn. Auch hier sind attraktive Vorzugskarten, vor allem bei Internetbuchung, auf dem Markt (Informationen, Tarife und Fahrpläne: www.nationalexpress.com).

Kombinierte Reisen mit verschiedenen Verkehrsunternehmen lassen sich mit der Informationsplattform **Traveline** planen (Tel. 0871–200 22 33 www.traveline.info)

Mit dem Auto

In Großbritannien wird **links** gefahren. Verkehrsteilnehmer im (allgegenwärtigen) Kreisverkehr haben Vorfahrt. Je weiter man sich von London (und den Autobahnen) entfernt, desto geruhsamer wird auch der Verkehr. Zulässige Höchstgeschwindigkeiten sind: 30 Meilen (48 km/h) in geschlossenen Ortschaften, 60 Meilen (96 km/h) auf Landstraßen und 70 Meilen (113 km/h) auf Autobahnen bzw. mehrspurigen Straßen mit getrennten Richtungsfahrbahnen und Leitplanke.

ACHTUNG: Besonders im Südwesten findet man viele enge, einspurige Landstraßen mit Ausweichstellen, die von hohen Hecken gesäumt und daher unübersichtlich in Kurven sind. In den Hochmooren und im New Forest gilt es, auf frei laufende Tiere zu achten.

Sport & Aktivitäten

Mit seiner langen Küste und den besonders im Landersinneren von Cornwall und Devon teilweise noch urwüchsigen Landschaften bietet Südengland eine Fülle von Möglichkeiten für sportliche Betätigung.

Wandern

Vor allem in den South Downs, im Bodmin Moor, Exmoor und Dartmoor sowie im New Forest sind wunderbare Wege ausgeschildert. Ein »Footpath« ist die Domäne der Fußgänger, »Bridleways« stehen auch Reitern und Mountainbikern offen. Näheres erfährt man bei der **Ramblers' Association** (Tel. 020-7339 8500, www.ramblers.org.uk).

Um die gesamte südwestliche Küste führt Großbritanniens längster Wanderweg, der rund 1000 km lange **South West Coastal Path** › S. 90 von Minehead an Somersets Nordküste durch Devon, um die Landspitze von Cornwall herum, an der Südküste wiederum durch Devon bis nach Poole in Dorset. Acht Wochen sollten geübte Wanderer für die gesamte Strecke einplanen.

SPECIAL

Mit Kindern unterwegs

England erfährt seit einiger Zeit den größten Baby-Boom der letzten 40 Jahre. Darum ist Kinderfreundlichkeit längst nicht mehr nur eine nette Geste, sondern Grundvoraussetzung im Tourismus.

Man hat sich voll auf Kinder eingestellt, und so gibt es eigens Parkplätze für Kinderwagen, Wickeltische auf öffentlichen Toiletten, Kinderstühle und -menüs in Restaurants, Familienzimmer und Kinderbetreuung in Hotels und jede Menge neuer Spiel- und Abenteuerplätze. Auch die meisten Sehenswürdigkeiten haben kindgerechte Broschüren, Schnitzeljagden und Familientage im Programm.

Besonders auf Kinder eingestellt sind die vielen Holidayparks. Die Webseite www.childfriendly.net listet Hotels, Restaurants, Geschäfte und vieles mehr auf, die sich als besonders kinderfreundlich erwiesen haben.

Familien sparen massiv an Eintrittsgeldern, wenn sie sich einen der Kulturpässe kaufen. In Frage kommen der **Great British Heritage Pass**, der **National Trust Touring Pass** oder der **English Heritage Overseas Visitor Pass** › S. 139.

In Cornwall gewährt der **Cornwall Tourist Pass** Familien von bis zu 5 Personen Zugang zu 80 Attraktionen mit 15–25 %iger Ermäßigung

(7 Tage £ 7, 14 Tage £ 10; www.cornwalltouristpass.com; der Pass wird gegen Aufpreis zugesandt).

Freizeitparks

Eingefleischte Freizeitparkbesucher kommen in Südengland voll auf ihre Kosten – im wahrsten Sinne des Wortes, denn der Spaß ist teuer. Zum Beispiel in **Legoland** bei Windsor, wo man nicht nur weltberühmte Sehenswürdigkeiten in Miniatur bestaunen, sondern sich auch seine eigene Welt aus Lego bauen kann.

Extreme Adrenalinschübe versprechen Rummelplätze wie etwa der **Thorpe Park** an der M 25 (Londoner Autobahnring), wo fesselnde Fahrattraktionen *(Rollercoaster)* mit 100 Prozent Gefälle aus 30 m Höhe nur etwas für Mutige sind. Der Kartenkauf im Internet ist grundsätzlich billiger als vor Ort.

▌ **Legoland**
Winkfield Road | Windsor
Berkshire | SL4 4AY
Ticket-Tel. 0871-2222 001
www.legoland.co.uk
Eintritt £ 45,60 / 36,60

▌ **Thorpe Park**
Staines Road | Chertsey
Surrey | KT16 8PN
www.thorpepark.com

Spaß im Wasser

Südengland ist natürlich auch ein Paradies für Wassersportler. An vielen Küstenabschnitten gibt es herrliche Sandstrände, wo Kinder schnorcheln oder auf Luftmatratzen treiben können, und die oft auch spezielle Kinderprogramme bieten, etwa **Blackpool Sands** bei Dartmouth › S. 81, **Dawlish Warren** bei Dawlish in Devon südlich von Exeter oder **Tunnels Beaches** bei Ilfracombe in Devon › S. 88. Fast alle Badestrände werden von Lifeguards überwacht.

Man kann auch vielerorts das **Surfen** oder **Kite-Surfen** erlernen, zum Beispiel in Newquay in einer der ältesten Surfschulen des Landes, The Offshore (www.offshoresurfschool.com).

Neuester Adrenalinsport für die Jugend und Junggebliebene ist das **Coasteering**, bei dem man unter Anleitung durch Höhlen schwimmt, auf Wasserwirbeln reitet, steile Klippen erklimmt und sich von hoch oben ins Meer hinabstürzt. (www.pure-activities.co.uk).

Viel ruhiger geht es da zu beim **Kanufahren** (www.canoeadventures.co.uk) oder auf den Kanälen in einem **Narrowboat** (www.bath-narrowboats.co.uk).

Tierleben

Tierfreunde können im New Forest oder im Dartmoor die **Wildpferde und -ponys in freier Wildbahn** bestaunen. Viele Orte wie Bristol (Guthrie Road in Clifton, BS8 3HA; www.bristolzoo.org.uk) und Paignton (Totnes Road, TQ4 7EU, www.paigntonzoo.org.uk) haben **Zoos,** die meisten Küstenorte besitzen ein **Aquarium** (z. B. Living Coasts in Torquay, Beacon Quay, TQ1 2BG; www.livingcoasts.org.uk) und mancher Landsitz gar einen **Safaripark** (Longleat bei Warminster in Wiltshire, BA12 7NW; www.longleat.co.uk).

Radfahren

Inselweit sind im Rahmen des Projekts *National Cycle Network* 20 000 km Radwege gebaut worden. Besonders schön ist der »West Country Way« von Padstow nach Bath bzw. Bristol. Infos bei:

Sustrans National Cycle Network
- 2 Cathetral Sq., Bristol | BS1 5DD
- Tel. 0117-926 8893
- www.sustrans.org.uk

Die besten Strände Cornwalls

Erst-klassig

- **Kynance Cove:** Zwei Meilen vom Lizard Point, weißer Sand, türkisfarbene See, Höhlen und ein National-Trust-Parkplatz mit Café. › S. 54
- **Porthcurno Beach:** Traumhaft schöne, sandige Bucht umgeben von Steilklippen zu Füßen des Minack Theatre. › S. 58
- **Sennen (Whitsand Bay):** Die Nachbarbucht von Land's End. Langer, weißer Sandstrand, gut zum Surfen. In Sennen Cove einige Cafés und das Old Success Pub gegen den Durst und Hunger. › S. 58
- **Porthmeor (St Ives):** Westlichster der Strände von St Ives mit Surfschule, super Café und der Tate West Gallery im Hintergrund. › S. 59
- **Godrevy Beach:** Der dramatischste Abschnitt von drei Meilen Dünen bei Haylein der St Ives Bay. Der Strand endet in der Godrevy-Landzunge, am Parkplatz des National Trust Café mit Blick auf den Leuchtturm. › S. 61
- **Constantine Bay:** Feiner, weißer Sand, weite Dünen, tosender Atlantik: Perfektion!› S. 67

The national cycling charity, CTC
- Parklands | Railton Road
- Guildford | Surrey | GU2 9JX
- Tel. 0844-736 8450
- www.ctc.org.uk

Wassersport und Bootsferien

Surfer und Windsurfer aus ganz Europa treffen sich an der Atlantikküste von Devon und Cornwall. **Segeln** (und segeln lernen) ist eine Freude, wenn man in einem der Jachthäfen im Südwesten ein Boot mietet oder einen Kurs belegt. Und sehr gemütlich fährt es sich mit einem *Narrowboat* (Kanalboot für bis zu 12 Personen) auf den **Kanälen** Südenglands.

Royal Yachting Association
Bietet Infos für Surfer und Segler.
- RYA House | Ensign Way | Hamble
- Southampton SO31 4YA
- Tel. 0845-345 0400 oder 023-8060 4100
- www.rya.org.uk

Canal River Trust
Der Trust informiert über die Kanäle, auf denen man ganz gemütlich mit einem *Narrowboat* schippern kann, einschließlich der vielen Schleusen.
- Head Office | First Floor North
- Station House | 500 Elder Gate
- Milton Keynes | MK9 1BB
- Tel. 0303-040 4040
- http://canalrivertrust.org.uk

Badefreuden

Die britische Umweltschutzorganisation Marine Conservation Society (MCS) empfiehlt 208 Strände an den Küsten der Region, die die höchsten Ansprüche an landschaftliche Schönheit, Sauberkeit von Wasser und Strand erfüllen, relativ sichere Strömungsverhältnisse und einen halbwegs einfachen Zugang (Parkplatz, Treppen etc.) haben. Baden Sie nur zwischen den gelb-roten Fahnen, wo die Strände von Rettungsschwimmern überwacht werden. Die MCS veröffentlicht ihren »Good Beach Guide« im Internet unter www.goodbeachguide.co.uk.

Angeln

Von den meisten Fischerhäfen in Cornwall laufen Boote zum **Hochseefischen** aus. Das Örtchen Looe, westlich von Plymouth, hat sich als britisches Zentrum des Haifischfangs einen Namen gemacht.

Für das **Süßwasserangeln** benötigt man eine Lizenz der zuständigen Behörde (s. u.). Gut stehen die Chancen, Forellen und Lachse an den Haken zu bekommen, an den Flüssen Dart und Stour (im Südwesten) oder Test und Itchen (im Süden bzw. Südosten).

Environment Agency
Versorgt Angler mit allen wichtigen Detailinfos (aus Deutschland: Tel. 0044-(0)1709-389 201). Genehmigungen erhält man vor Ort in den Postämtern.
▮ National Customer Contact Centre
▮ PO Box 544 | Rotherham | S60 1BY
▮ Tel. 03708-506 506
▮ www.environment-agency.gov.uk
▮ www.gofishing.co.uk

Golf

Putten und Pitchen kann man in Südengland am einfachsten auf kommunalen Plätzen, Golfclubs

Angler am Strand in Cornwall

handhaben den Zugang nicht so offen wie in Schottland. Empfehlungsschreiben vom heimischen Club und Handicap-Zertifikat sind nützlich. Golfplätze am Meer stellen auch für versierte Golfer eine echte Herausforderung dar.

Cape Cornwall Golf & Country Club
Ein herausragend schöner Platz (mit Ferienapartments).
▮ St. Just | Penzance | Cornwall
▮ Tel. 01736-788 611
▮ www.capecornwallgolfclub.co.uk
▮ Mo–Do £ 25, Fr–So £ 30.

Reiten

Wo noch wilde Ponys in Freiheit leben, übt das Reiten einen ganz besonderen Reiz aus, und gerade im Dartmoor und Exmoor werden Ausritte und mehrtägige gemächliche Ponytrekking- oder flottere Hacking-Touren angeboten. Das gleiche gilt für den New Forest. Hier hat sich der Ort Lyndhurst als Zentrum für Ausritte etabliert. Alle Reitschulen, die dem Verband ABRS (Association of British Riding Schools) angehören, gewährleisten qualifizierten Unterricht.

ABRS
- Unit 8 | Bramble Hill Farm
- Five Oaks Rd. | Slinford
- Horsham | RH13 0RK
- Tel. 01403-790 294
- www.abrs-info.org

Sprachkurse

Englischkurse könnte man als Spezialität der Südküste bezeichnen. Die Seebäder von Eastbourne bis Torbay beherbergen unzählige Sprachschulen, aber nicht alle halten, was sie versprechen.

Eine Liste der vom British Council anerkannten Sprachschulen ist bei dessen Berliner Niederlassung erhältlich (Alexanderplatz 1, 10178 Berlin, Tel. 0 30/31 10 99 10; www. britishcouncil.de).

Unterkunft

Die Auswahl ist schier unerschöpflich, und mit etwas Glück finden alle die gewünschte Bleibe. Sehr hilfreich sind die Tourist Information Centres (TICs) mit freundlicher Beratung und oft auch einem Buchungsservice. Auch VisitBritain gibt Auskunft über Unterkunftsmöglichkeiten (www. visitbritain.com/de/DE). Wirklich billig zu übernachten wird indes kaum gelingen – in allen Unterkunftskategorien sind die Preise der Region nach London die höchsten in Großbritannien. Sparen kann man allerdings, wenn man nicht auf die Hauptreisezeit angewiesen ist; Hotels und Ferienwohnungen können in der Nebensaison bis zu 50 % billiger sein.

Die klassische englische Art, günstig zu übernachten: Bed & Breakfast

Hotels

Diese gibt es in allen Preisklassen – sie werden auch unter Bezeichnungen wie »Inn« (eigentlich ein Landgasthaus mit Gästezimmern) oder »Guest House« (eine Pension, v.a. in den Seebädern an der Südküste) geführt.

Vor allem in der gehobenen Preisklasse bis hin zur Luxusherberge tut sich das englische Hotelgewerbe hervor. Wer einmal im historisch bedeutsamen Himmelbett (»Hier schlief im Jahre … König/in …«) übernachten möchte, sollte nicht auf den Kontostand achten müssen. Aber nicht jedes »Country House Hotel« ist unerschwinglich. Eine Nachfrage lohnt sich immer, selbst die vornehmsten Landhäuser und Schlosshotels gewähren außerhalb der Hauptsaison und/oder bei längerem Aufenthalt Rabatte.

Bei der Auswahl geeigneter Hotels leistet der jährlich neu erscheinende Führer der britischen Automobile Association **AA The Hotel Guide** für Großbritannien und Irland gute Dienste.

Bed & Breakfast

Diesem klassischen britischen Übernachtungsangebot begegnet man allenthalben, es reicht vom Schlafzimmer im Privathaus bis hin zur professionell geführten Familienpension. Neben dem reinen »Bett und Frühstück« wird oft auch eine (gesondert berechnete) Abendmahlzeit angeboten. Zur Hauptsaison kann es in beliebten Ferienregionen zu Engpässen kommen.

Ferienhäuser und -wohnungen

Angebote zur Selbstversorgung (»Self Catering«) sind im Südwesten reichlich vorhanden – VisitBritain › S. 139 nennt Adressen.

Wer sich etwas Besonderes gönnen möchte, wende sich an den **National Trust** › S. 140 oder den **Landmark Trust** (Shottesbrooke, Maidenhead, Berkshire SL6 3SW, Tel. 01628-825 925; www.landmark trust.org.uk). Beide Verbände vermieten schöne historische Gebäude, teils in Naturschutzgebieten.

Bizarre Granitformationen
in einsamer Landschaft: das
Dartmoor in Devon

LAND & LEUTE

STECKBRIEF

40 000 Einw.; St Austell 23 000; Truro 21 000; Penzance & Newlyn 20 000; Newquay 20 000; St Ives 10 000.

- **Bevölkerung:** in Südengland 15 481 000 Einw., in Cornwall ca. 540 000, davon 22 % in der Altersgruppe von 40–54 Jahren.
- Pro-Kopf-Anteil am **Bruttosozialprodukt** des Vereinigten Königreichs (= 100 %): Südosten 115,6 %, Südwesten 94,2 %. Das Einkommen der Bewohner Cornwalls liegt ca. 25 % unter dem Landesdurchschnitt.
- **Landesvorwahl:** 0044
- **Währung:** Pfund Sterling (£)
- **Zeitzone:** Greenwich Mean Time, d.h. MEZ −1 Std.

- **Fläche** der Region 34 563 km², 27 % der Fläche Englands. Die Grafschaft Cornwall umfasst 3563 km² und hat eine Küstenlänge von fast 500 km.
- **Inseln:** Isle of Wight 381 km², Isles of Scilly 16 km² (140 Inseln, davon fünf bewohnt), Lundy Island 4,25 km²
- **Flüsse:** Upper Avon (155 km), Tamar (98 km), Exe (96 km)
- **Größte Städte** im Südwesten: Bristol 433 000 Einw., Plymouth 260 000, Exeter 119 600. Cornwalls größte Städte sind: Camborne/Redruth

Lage und Landschaft

Die Region Südengland wird nach Norden hin von der Themsemündung, den Autobahnen M 25 (Londoner Ring Süd) und M 4 (London-Bristol) begrenzt. Im Süden und Osten stößt sie an den Ärmelkanal, im Westen an den Atlantik. Bei Plymouth mündet der Fluss Tamar ins Meer, der die natürliche Grenze zur Grafschaft Cornwall bildet.

Die Landschaft ist ausgesprochen vielfältig. Cornwall und der Südwesten sind durch weite, großräumige Moore (Dartmoor, Exmoor, Bodmin Moor) auf Granit und Schiefergrund geprägt. Die Südküste wird dominiert von Flussmündungen mit üppiger Vegetation, die Nordküste beeindruckt durch steile Klippen und imposante Felsformationen.

Die Mitte Südenglands besteht aus einem bunten Flickenteppich aus Wiesen und Feldern sowie den Mündungsbecken zahlreicher kürzerer Flüsse.

Der Südosten zeichnet sich durch fruchtbares Tiefland sowie die bewaldeten Hügel der Downs aus, die an den Küsten die typischen Kreidefelsen formen.

Verwaltung und Politik

Nach der archaischen Verfassung des Vereinigten Königreichs von Großbritannien und Nordirland sind alle Briten Untertanen Ihrer Majestät. Zwar hat die Königin selbst kaum noch Machtbefugnisse, doch sind ihr Streitkräfte, Kirche und Behörden direkt unterstellt, und die in ihrem Auftrag handelnde Regierung umgeht damit vielfach die Kontrolle durch das Parlament. Allein die Existenz der Monarchie rechtfertigt das Fortbestehen des Oberhauses *(House of Lords)* im Parlament, das ungewählte Vertreter von Hochadel, Klerus und Justiz sowie »verdiente Persönlichkeiten« aus Politik und Wirtschaft bilden.

Nach zehn Boomjahren unter Tony Blair regiert seit Mai 2010 eine Koalition. Der konservative Premierminister David Cameron und sein liberaler Vize Nick Clegg verordneten der hoch verschuldeten Nation ein straffes Sparprogramm: Sozialleistungen wurden gekürzt, Mehrwert- und Lohnsteuer angehoben, die Löhne im öffentlichen Dienst eingefroren, das Kindergeld für betuchte Eltern gestrichen. Gleichzeitig wurde die Gewerbesteuer gesenkt, um die Wirtschaft zu stärken. Die Traumhochzeit von Prinz William und Kate Middleton im April 2011 sowie die Olympischen Spiele 2012 in London kamen da als Lichtblicke gerade recht.

In den kommenden Jahren will Cameron die Rolle Großbritanniens in der EU neu definieren und hat eine Volksabstimmung darüber angekündigt.

Wirtschaft

Die Landwirtschaft ist im Süden Englands ein bedeutender Wirtschaftszweig. Zu Viehzucht, Getreide- und Obstanbau kommt im Osten der Hopfen, der das gesamte britische Brauereiwesen versorgt. Daneben wird an der Südküste schon seit der Römerzeit Weinbau betrieben.

In den Hafenstädten, von Plymouth über Bristol, Portsmouth, Southampton und bis nach Dover sind Handel, Schiffbau und die metallverarbeitende Industrie konzentriert.

Die lange in Heimarbeit betriebene Textilproduktion lebt in Devon, Somerset und Dorset in den berühmten Klöppelspitzen (»Honiton Lace«) fort, in Axminster hat die Teppichweberei Tradition. Somerset ist altbekanntes Zentrum der Herstellung von Cider (Apfelwein).

Fast völlig zum Erliegen kam der ehemals bedeutende Bergbau Südenglands – Zinn und Kupfer in Cornwall, Kohle in Kent. Nahe Redruth in Cornwall wird an Probebohrungen für ein neues geothermisches Kraftwerk gearbeitet.

In weiten Teilen der Region ist der Tourismus die wichtigste Einnahmequelle, und viele Familien verdienen als Vermieter von Gästezimmern zumindest ein Zubrot. Allein in Cornwall bietet der Tourismussektor über 60 000 Arbeitsplätze. In den Seebädern an der gesamten Südküste zeigt der Fremdenverkehr mit unzähligen Sprachschulen für Jugendliche vom Kontinent eine besondere Ausprägung.

Geschichte im Überblick

Um 4300 v. Chr. In der Folge erster landwirtschaftlicher Siedlungen entsteht eine hochentwickelte Baukultur, deren Hügelanlagen, Erdwälle, Dolmen und Steinkreise (z. B. Stonehenge) zu den bedeutendsten Europas gehören.

Ab ca. 800 v. Chr. Erste keltische Stämme wandern ein und bringen ihre eisenzeitliche Kultur mit; die Briten siedeln in Südengland.

43–409 n. Chr. Der römische Kaiser Claudius lässt im Jahr 43 n. Chr. 40 000 Legionäre aus Gallien übersetzen, die den Südosten Britanniens rasch unterwerfen. In weiten Teilen des heutigen England entsteht während der folgenden 350 Jahre eine spezifisch romano-britische Kultur.

Ab ca. 450 Die Einwanderung der Jüten, Angeln und Sachsen vertreibt die keltischen Stämme in die Randgebiete (Cornwall/Wales). In Südengland entstehen die angelsächsischen Königreiche Essex, Kent, Sussex und Wessex.

597 Gründung des Bistums Canterbury durch den hl. Augustinus von Canterbury. Das Bistum macht sein Primat in der englischen Kirche geltend.

871–899 Alfred der Große, König von Wessex, vereinigt die Königreiche Südenglands gegen Übergriffe der Dänen, die im Nordosten des Landes Fuß gefasst haben, und schafft damit erstmals ein geeintes angelsächsisches Reich mit Winchester als Hauptstadt.

1066 König Harold II. wehrt die Invasion der Norweger im Norden ab, aber die Normannen unter Wilhelm dem Eroberer siegen in der Schlacht bei Hastings über die Angelsachsen und führen ihr straffes Feudalsystem ein.

1215 König Johann Ohneland unterzeichnet in Runnymede, Surrey, die ihm von aufständischen Baronen aufgezwungene »Magna Carta Libertatum«: In 63 Artikeln werden u. a. die königliche Gerichtsbarkeit und Steuerhoheit der Kontrolle der Barone und Stände unterworfen. Die Magna Carta gilt als Grundlage der britischen konstitutionellen Monarchie.

1348–1375 Viermal bricht in diesem Zeitraum die Pest aus und rafft ein Drittel der Bevölkerung dahin.

1534 Heinrich VIII. sagt sich von der Kirche Roms los; ab 1536 werden alle Klöster aufgelöst. Es profitiert der niedere Adel (Gentry), der überall in Südengland billig Ländereien erwerben und imposante Herrensitze errichten kann.

1588 Nachdem Elizabeth I. die katholische Maria Stuart hat hinrichten lassen, sendet Philipp II. von Spanien eine Invasionsflotte gegen England. Die Armada wird vor der englischen Südküste vernichtend geschlagen.

1642–1660 Der englische Bürgerkrieg entsteht aus der Weigerung des Parlaments, die absolutistischen Ansprüche von Karl I. anzuerkennen. 1649 wird der König hingerichtet und England unter Oliver Cromwell zum Protektorat erklärt. Nach Cromwells Tod 1658 kehrt der Thronfolger Karl II. aus dem französischen Exil zurück, es kommt zur Restauration der Monarchie.

1688 Als König Jakob II. den Katholizismus erneut als Staatsreligion einzuführen versucht, bieten einflussreiche Mitglieder des Parlaments Wilhelm III. von Oranien die englische Krone an. Durch seine Anerkennung der »Declaration of Rights« wird die konstitutionelle Monarchie gefestigt.

1701 Nach dem Tod der letzten Stuart-Regentin Queen Anna etabliert der »Act of Settlement« das Haus Hannover auf dem englischen Thron. Unter George I. nimmt Schatzkanzler Sir Robert Walpole erstmals das Amt des Premierministers ein.

1707 Das englische und schottische Parlament werden offiziell vereint, der neue Staat nennt sich Großbritannien.

Ab Mitte des 18. Jahrhunderts steigt England dank der industriellen Revolution und der fast absoluten Seeherrschaft zur stärksten Wirtschafts- und Kolonialmacht der Welt auf.

1837–1901 Unter Queen Victoria erreicht Großbritannien den Gipfel seiner Macht und erobert ein weltweites Imperium.

1917 Auf dem Höhepunkt des Ersten Weltkriegs, in dem mehr als doppelt so viele Soldaten des British Empire umkommen wie im Zweiten Weltkrieg, benennt sich das englische Herrscherhaus Hannover-Sachsen-Coburg-Gotha in Windsor um.

1939–1945 Südenglische Flugplätze und Häfen spielen im Zweiten Weltkrieg eine zentrale Rolle in der Abwehr deutscher Luftangriffe und dienen der Vorbereitung der alliierten Invasion in der Normandie im Juni 1944.

1973 Großbritannien tritt der damaligen EWG bei. Bis heute gilt es als eines der skeptischsten Mitglieder der Europäischen Union.

1994 Der Eisenbahntunnel unter dem Ärmelkanal wird eröffnet.

1997 Wahlsieg der Labour Party unter Tony Blair nach 18 Jahren konservativer Regierung.

2003 Tony Blair schickt Truppeneinheiten in den Irak-Krieg,

2005 Prince Charles und Camilla Parker Bowles heiraten in Windsor. Bombenanschläge auf die Londoner U-Bahn und Busse fordern 37 Tote.

2009 Die weltweite Finanzkrise trifft Großbritanniens Finanz- und Dienstleitungswirtschaft hart.

2010 Die Koalitionsregierung von David Cameron (Konservative) und Nick Clegg (Liberale) nimmt ihre Arbeit auf.

2011 Am 29. April heiraten Prinz William und die Bürgerliche Kate Middleton.

2012 Großbritannien holt bei den Olympischen Spielen im eigenen Land 29 Goldmedaillen.

2013 David Cameron kündigt für 2015 eine Volksabstimmung zum Austritt oder Verbleib Großbritanniens in der EU an.

Die Menschen

Einwanderer sind in Südengland immer wieder in Wellen an Land gegangen – Kelten, Römer, Angeln und Sachsen, Wikinger und Normannen. Günstiges Klima, fruchtbarer Boden und sichere Häfen führten früh zu hoher Besiedlungsdichte, und derzeit sorgt die Nähe der Metropole London für stetigen Zustrom. Zu den betuchten Familien mit Villen im Londoner Großraum und Zweitwohnsitzen im Südwesten kommen in den Seebädern Pensionäre und Rentner, außerdem Obdachlose, die dort von den Behörden in Bed&Breakfast-Häusern untergebracht werden.

Aus den immer seltener zu hörenden Dialekten lässt sich schließen, dass die alteingesessene Bevölkerung gegenüber den Neuzugängen heute oft in der Minderzahl ist. Die keltische Sprache Cornwalls, das Kornische (Cornish oder Cornic), galt seit Ende des 18. Jhs. als ausgestorben, doch Anstrengungen zur (künstlichen) Wiederbelebung waren erfolgreich, und 3500 Menschen beherrschen sie heute wieder.

Die Mehrheit der Bevölkerung gehört – nominell – der Church of England an, die eine Zwitterstellung einnimmt: Sie ist im engeren Sinne Staatskirche (das Staatsoberhaupt ist zugleich Oberhaupt der anglikanischen Kirche, derzeit Queen Elizabeth II), dennoch erhält sie keinerlei öffentliche Gelder. Eingeführt, als sich Heinrich VIII. vom Papst lossagte, weist v. a. die *High Church* mit ihrem Gepränge und den von traditioneller Kirchenmusik begleiteten Messen bis heute Elemente des Katholizismus auf, während Gottesdienste der *Low Church* eher dem Protestantismus verpflichtet sind. In ehemaligen Bergbaugebieten überwiegt der Methodismus John Wesleys, weshalb man dort eher schmucklose »Wesley Chapels« sieht.

Natur & Umwelt

Der größte Teil des Südens Englands ist von alters her Kulturlandschaft. Die Hochmoore des Südwestens werden durch Viehhaltung und Holzwirtschaft geprägt, die Küstenlandschaften Devons und Cornwalls durch Bergbau von Zinn und Kupfer verändert. Der Südosten galt schon den Römern als Kornkammer.

Die traditionelle Feldaufteilung mit ihren besonderen Heckenbiotopen ist durch moderne Argrarmethoden und die hochtechnologisierte Landwirtschaft bedroht. Nirgends in der EU arbeitet ein geringerer Anteil der Bevölkerung in der Agrarproduktion.

Die Wasserqualität hat durch die regenreichen Sommer leider sehr gelitten. Bei 20 der 70 mit dem höchsten EU-Standard der Blauen Flagge ausgezeichneten Strände (www.blueflag.org) ist der Status inzwischen umstritten. Immerhin hat der Südwesten insgesamt überdurchschnittlich saubere Strände, der Südosten dagegen hängt dem Landesdurchschnitt etwas hinterher. Die Küstengewässer sind überfischt und gleichzeitig von Fangflotten hart umkämpft.

Der englische Süden weist zahlreiche Vogelschutzgebiete auf, darunter bedeutende Seevogelkolonien an der Westküste. Von besonderem Interesse für Naturkundler dürfte die Fauna der Hochmoore sein: Wildpferde und -ziegen sind dort heimisch, doch gilt die Aufmerksamkeit von Ökologen derzeit vor allem dem vermehrten Auftreten von Neuankömmlingen wie den grauen Eichhörnchen aus Nordamerika.

Kunst & Kultur

Malerei und Plastik

Einflüsse der Eroberer: In den ersten nachchristlichen Jahrhunderten kam der wichtigste Einfluss auf die bildende Kunst Südenglands aus Rom – zunächst in Form der Bildwelt des Römischen Reiches, die sich in den Skulpturen und Mosaiken romano-britischer Villen niederschlägt, dann als Sakralkunst der missionierenden Kirche, im Lauf der Zeit angereichert mit keltischer Pflanzen- und angelsächsischer Tierornamentik. Das berühmteste Beispiel normannischer Kunst ist der Teppich von Bayeux (um 1080), der in vielen Einzelszenen die normannische Eroberung Englands darstellt.

Frühe Porträtmalerei: Im 16. Jh. entwickelte sich eine englische Variante der Porträtmalerei, die Miniatur, die durch Nicholas Hilliard aus Exeter (geb. 1537) ihren Höhepunkt fand. Auch umfassen die Sammlungen der großen Herrenhäuser Gemälde der importierten Lieblingskünstler englischer Aristokraten des 17. Jhs.: Rubens (Kingston Lacy, Wilton House), Claude Lorrain (Stourhead, Petworth) und Anthonis – später Sir Anthony – van Dyck (fast überall).

Die Zeit der Hochblüte: In den 100 Jahren von 1750 bis 1850 ließe sich die britische Malerei als südenglische Parklandschaft mit berühmten Figuren charakterisieren. Joshua Reynolds (geb. 1723) und Thomas

Pferde waren das bevorzugte Motiv von George Stubbs

Gainsborough (ab 1760 in Bath tätig) gehörten zu den bedeutendsten Porträtisten ihrer Zeit; der großartige Tiermaler George Stubbs (geb. 1724) widmete sich den Pferden von Goodwood; Thomas Lawrence (geb. 1769) war zu Lebzeiten der bekannteste Porträtmaler Englands und galt als ebenbürtiger Nachfolger von Reynolds; John Constable (geb. 1776) bannte die Landschaft um Salisbury samt Kathedrale so eindrucksvoll auf Leinwand, dass seine Werke bis heute endlos reproduziert werden. Und William Turner (geb. 1775) malte nicht nur in Petworth House, sondern verewigte auch die englische Südküste und die Isle of Wight in jenen Seestücken, deren einzigartige Gestaltung von Licht seinen heutigen Ruhm begründet.

Die Präraffaeliten: Den viktorianischen Verniedlichungen akademischer Maler wie William Etty oder Sir Edwin Landseer wollten die jungen Geheimbündler der Präraffaelitischen Bruderschaft – John Everett Millais, William Holman Hunt, Dante Gabriel Rossetti, Ford Madox Brown und Edward Burne-Jones – ab 1848 ernsthafte Thematik und klare Maltechnik entgegensetzen. Zeitgenossen empfanden ihre Bilder mit biblischen oder literarischen Motiven als pervers; heute pilgern Freunde dieses sehr englischen Stils zu den Gräbern von Rossetti (Birchington, Kent) und Burne-Jones (Rottingdean, Sussex). Die Präraffaeliten stehen in engem Zusammenhang mit der späteren Arts-and-Crafts-Bewegung von William Morris.

SEITENBLICK

Mekka der Maler

Cornwall wirkt seit dem frühen 19. Jh. wie ein Magnet auf bildende Künstler: Schon Turner kam 1811 nach St Ives, und als James McNeill Whistler 1883 den Ort besuchte und das Licht bewunderte, war die Gegend bereits ein bekanntes Refugium für Aquarellisten. Seit Ende der 1930er-Jahre hat St Ives einige der größten Namen abstrakter Kunst in England angezogen: Ben Nicholson (1894–1982) und Barbara Hepworth (1903–1975), später auch Patrick Heron (1920–1999). Sie entdeckten die naive Kunst des einheimischen Fischers Alfred Wallis (1855 bis 1942), dessen Bilder heute zu den teuersten des Zirkels zählen.

Architektur und angewandte Kunst

Prähistorische Bauwerke: Eine Vorstellung von den frühesten Steinbauten in Südengland vermittelt Stonehenge – der Steinkreis ist nicht nur ein einmaliges Kulturdenkmal, sondern auch eine großartige architektonische Leistung. Ähnlich beeindruckend sind prähistorische Erdaufschüttungen wie Maiden Castle oder Silbury Hill.

Erbe der Eroberer: Wie überall in ihrem Herrschaftsgebiet haben die Römer auch in England Spuren ihrer Baukunst hinterlassen, vom Leuchtturm in Dover über diverse Villen mit schönen Mosaiken (z. B. Bignor in Sussex) bis zu den Badeanlagen von Bath. Die Angelsachsen bauten meist mit Holz, was den

Einer der großartigsten Sakralbauten Englands: Winchester Cathedral

Mangel an erhaltener Bausubstanz erklärt (eine Ausnahme ist die Kapelle Saint-Mary-in-the-Castle in Dover). Mit dem Vordringen der Normannen nach 1066 breitete sich deren typische Burgenarchitektur in ganz England aus (z. B. Portchester Castle, Hampshire).

Die Kathedralbauten: Im 12. Jh. begann die große Zeit des englischen Kirchenbaus. Heute wird mit Stilbegriffen wie »Early English«, »Lancet«, »Decorated«, »Perpendicular« oder »Rectilinear« jongliert, obwohl in Wahrheit kaum eine Kirche stilrein erhalten ist. Einige Anhaltspunkte: Die Kathedralen Südenglands (Bristol, Canterbury, Chichester, Exeter, Rochester, Salisbury, Wells, Winchester) wurden im Wesentlichen zwischen 1100 und 1500 mit unterschiedlichen gotischen Stilelementen errichtet. Generell gilt: Je schlanker und spitzer die Bögen, je aufwendiger die Deckengewölbe, desto später der Bauabschnitt. Mit der Auflösung der Klöster durch Heinrich VIII. ab 1536 kam der Kirchenbau bis ins 17. Jh. zum Erliegen.

Herrensitze und Städte: Dafür entwickelte sich in Südengland eine Spielform der Profanarchitektur, der Landsitz im Tudorstil (z.B. Montacute House in Somerset). Während etwa im schottischen Grenzland nach wie vor befestigte Adelshäuser gebaut wurden, konnte die Gentry im Süden auf Verteidigungsanlagen verzichten – auf dem Landbesitz der Klöster entstanden villenartige Häuser mit weitläufigen Gärten.

Im 17. Jh. bildete sich ein am Vorbild des Italieners Andrea Palladio orientierter klassizistischer Stil heraus, dessen erster wichtiger Vertreter Inigo Jones (1573–1652) war (Wilton House bei Salisbury). Um die Mitte des 18. Jhs. hatte der Klassizismus seinen Höhepunkt erreicht und seinen Einfluss vom Bau einzelner Häuser auf die Planung ganzer Stadtviertel ausgedehnt; bedeutende Teile von Bath sind einheitlich im eleganten »Georgian Style« angelegt. Beim Entwurf von Parkanlagen wurde fortan besonderer Wert auf die Illusion naturbelassener Landschaft gelegt, wie die so ganz englische Gartenbaukunst des Lancelot »Capability« Brown (1716–1783) beweist (z.B. Petworth House).

Um 1750 kam ein historisierender, von Elementen der Gotik gekennzeichneter Baustil auf, der 100 Jahre später mit dem »Gothic Revival« auf die Spitze getrieben wurde. Der Stilpluralismus herrschte: Queen Victorias Residenz Osborne House wurde im Stil eines italienischen Palazzo gebaut, und in der Nähe steht die Kirche von Whippingham mit ihrem romanisch-gotischen Stilmix. Als Gegenbewegung entstand um William Morris die Arts-&-Crafts-Bewegung, die einen gediegenen Stil ohne Prunk pflegte, mit schlichten Möbeln und den berühmten Blumenmustern auf Tapeten.

Die Moderne: Im 20. Jh. geht die Auseinandersetzung zwischen Moderne und Konservatismus in England meist zu Gunsten des Letzteren aus. Zwar gibt es im Süden einige herausragende Beispiele moderner, am Bauhaus orientierter Architektur der 1930er-Jahre – das großartige High Cross House in Devon ist seit 1995 der Öffentlichkeit zugänglich –, aber allzu oft wurde und wird »dezente« Architektur bevorzugt, wie Prince Charles' »Musterdorf« Poundbury in Dorchester. Dabei belegen z.B. das 1910 von Edwin Lutyens (1869–1944) entworfene Castle Drogo, die 1993 eröffnete Dependance der Tate Gallery in St Ives von Eldred Evans und David Shalev sowie Michael Hopkins' Opernhaus von Glyndebourne (1994 eingeweiht), dass ernst genommene Anpassung an Landschaft und Tradition wunderbar »undezente« Bauwerke hervorbringen kann. Ein weiteres Beispiel ist das 2004 errichtete Privathaus The Crescent bei Stonehenge, das leider nicht öffentlich zugänglich ist.

Die schönsten privaten Gemäldesammlungen

- **The Royal Cornwall Museum (Truro):** In der Fine Art Gallery des Museums finden Pioniere der Künstlerkolonien Newlyn und St Ives ein Forum. Bilder aus den prägenden Jahren 1840–1940 und zeitgenössische Malerei haben ihren Platz neben den alten Meistern. › S. 62
- **Saltram House:** Joshua Reynolds wurde häufig vom Hausherrn John Parker eingeladen, um ihn mit seiner Familie zu porträtieren. › S. 75
- **Wilton House:** In dem von Inigo Jones entworfenen Doppelwürfelsaal hängen u.a. viele Familienporträts von Anthonis van Dyck. › S. 108
- **Petworth House:** Joshua Reynolds und William Constable waren auch beim 6. Herzog von Somerset gern gesehene Gäste. William Turner unterhielt in den 1830er-Jahren hier gar ein Atelier; im »Turner Room« hängen 19 Ölgemälde des Künstlers. › S. 115

Literatur

Die 1387–1400 von Geoffrey Chaucer verfassten »Canterbury Tales«, eines der Hauptwerke englischsprachiger Literatur, schildern das mittelalterliche Gesellschaftsleben in Südengland.

Auch die großen bürgerlichen Erzähler des 18. und 19. Jhs. siedelten ihre Romane in der ihnen bekannten Landschaft an. Jane Austen (geb. 1775) lebte und schrieb in Bath, Southampton, Chawton und Winchester – man kann sich ihre ironischen Darstellungen ambitionierter Bürger z. B. in »Stolz und Vorurteil« nirgendwo anders vorstellen. Thomas Hardy (geb. 1840) lag an der regionalen Verankerung

Die moderne Tate Galery in St Ives

seiner Werke so viel, dass er eine fiktive Grafschaft Wessex (in und um Hampshire) schuf. Anders als Jane Austen strebte er die Verklärung einer wahren Idylle an – wie in seinem ersten Wessex-Roman »Far from the Madding Crowd« (»Am grünen Rand der Welt«).

Die Romantiker gingen mit Vorliebe im Südwesten spazieren: Samuel Taylor Coleridge mietete sich 1795 für fünf Jahre an der Küste Somersets ein und wanderte mit William Wordsworth (1770–1850) über die Klippen. Eine Generation später ließen sich Percy Bysshe Shelley in Lynmouth und John Keats in Teignmouth inspirieren.

Weniger um wildromantische Szenerie als um ästhetisch ansprechende Blumenrabatten ging es Vita Sackville-West (1892–1962), die in Knole in Kent geboren wurde. Später erwarb sie Sissinghurst Castle, wo sie zusammen mit ihrem Mann Harold Nicolson wohnte, sich mit Leidenschaft als Gärtnerin betätigte, Romane wie »The Edwardians« (»Schloss Chevron«) schrieb und ihre Kontakte zu Virginia Woolf (1882–1941) pflegte. Ihr diente sie als Vorbild für die Protagonistin des Romans »Orlando«.

Nicht zu vergessen sind die unsterblichen Krimis der Agatha Christie (1890–1976), die von Alfred Hitchcock verfilmten Romane Daphne du Mauriers (»Rebecca«) sowie Rosamunde Pilchers (geb. 1924) Herz-Schmerz-Bestseller, von denen viele fürs deutsche Fernsehen verfilmt wurden › S. 73.

Feste & Veranstaltungen

Festkalender

Mai: Brighton International Festival: drei Wochen Theater, Konzerte und bildende Kunst mit international renommierten Künstlern (www.brightonfestival.org). **Obby Oss:** Keltisches Frühlingsfest zum 1. Mai mit Umzügen und Menschen in Pferdekostümen in Padstow (www.padstow.com/obby_oss/obby_oss.php). **Run to the Sun:** Hunderte stolze Besitzer alter VW-Busse treffen sich in Newquay zur Party (www.rund-to-the-sun.com). **Helston Flora Day:** Furry Dance (eine blumengeschmückte Prozession von Paaren ganz in weiß), Musik und Ausgelassenheit den ganzen Tag über (www.cornwalls.co.uk/events/flora_day.htm).

Mai/Juni: Salisbury Festival: zwei Wochen mit Musik, Jahrmarkt und Theater (www.salisburyfestival.co.uk). **Bath International Music Festival:** zwei Wochen, Ende Mai bis Anfang Juni (www.bathmusicfest.org.uk).

Juni: The Royal Cornwall Show: größte Landwirtschaftsshow Englands in Wadebridge (www.royalcornwallshow.org). **Golowan Festival** in Penzance: traditionsreiches einwöchiges Fest zur Feier der Verbindung von Land und Meer (www.golowan.org). **Glastonbury Festival:** riesiges Open-Air-Festival mit Rock- und Folkmusik,

Rund um die Isle of Wight finden jährlich im August in der Cowes Week Regatten statt

um die Sommersonnenwende (21. Juni; www.glastonburyfestivals.co.uk).

Juli/August: Goodwood Week (auch Glorious Goodwood): eine Woche Pferderennen auf dem Gelände von Goodwood House.

August: Cowes Week, Isle of Wight: traditionsreiche Segelregatten (www.cowesweek.co.uk). **Brighton Parade:** Schwule und Lesben aus England und ganz Europa treffen sich zu einer bunten Straßenparade samt Begleitprogramm (www.brightonpride.org).

August/September: Arundel Festival: Shakespeare und klassische Musik im Freilichttheater auf dem Gelände von Arundel Castle (www.arundelfestival.co.uk).

September: Widecombe Fair: traditioneller Jahrmarkt am zweiten Dienstag des Monats im idyllischen, aber überlaufenen Dorf im Dartmoor (www.widecombefair.com).

Oktober: Falmouth Oyster Festival: dreitägiges Austernschlürfen zum Beginn der Saison (www.falmouthoysterfestival.co.uk).

Essen & Trinken

Im Restaurant

Der schlechte Ruf der englischen Gastronomie ist inzwischen ein alter Hut. In kleineren bis mittelgroßen Ortschaften hat man heute eine attraktive Auswahl von Lokalen, die auch Einheimische frequentieren.

Die als modern-britisch klassifizierte Küche nutzt hochwertige Zutaten aus Großbritannien und kombiniert traditionelle Rezepte mit schonender Zubereitung und Einflüssen aus dem Mittelmeerraum bzw. aus Südostasien. Fast überall finden sich chinesische und indische Restaurants, manche sind

Zum englischen Frühstück gehören *bacon & eggs*

verblüffend gut und nicht allzu teuer. Sandwiches lässt man sich frisch belegen, wo mittags Schlangen bis auf die Straße stehen.

Auch Vegetarier finden in der Regel ein auf sie abgestimmtes Angebot; vegetarische Gerichte werden in Speisekarten mit »(V)« gekennzeichnet und sind meist billiger als Fleisch- oder Fischgerichte. Besonders indische Restaurants bieten Vegetariern große Vielfalt.

Die jährlich aktualisierten Gastronomieführer THE GOOD FOOD GUIDE und BEST PUBS & INNS, THE WHICH? GUIDE TO COUNTRY PUBS sind in den meisten englischen Buchläden und vielen Tourist Information Centres erhältlich.

Südenglands Spezialitäten

Regionale Spezialitäten erkennt man am Zusatz des Namens der Grafschaft oder der Gegend, z.B. Cornish Pasty, Wiltshire Ham (gekochter Schinken), Devon Pork Pie (Pastete mit Schweinefleisch, Äpfeln und Zwiebeln), Ilchester (Kräuterweichkäse aus Somerset), Kentish Pancakes (Pfannkuchen, meist mit Kirschkonfitüre), u.v.a. Zwei Ausnahmen sind zu erwähnen: Der berühmte orangegelbe Hartkäse Cheddar kann von überallher kommen – in jedem englischen Supermarkt findet man Cheddar aus Irland oder Neuseeland. Und: Seezunge heißt im ganzen Land Dover Sole, gleichgültig, wo der Fisch angelandet wurde.

In den südenglischen Ferienorten wird einerseits hervorragende, aber auch sehr teure Küche, andererseits einfache Kost (zum Mitnehmen) geboten. Wer gerne frisch ausgebackenen Fisch mit Pommes frites *(Fish & Chips* › **Erstklassig-Liste S. 81***)* isst oder heiße Pasteten (mit Kartoffel- und

Fleischfüllung heißen sie *Cornish Pasties*) schätzt, der wird sich normalerweise gut versorgt fühlen.

Beim Frühstück im Hotel oder B & B sollte man zugreifen. Starker Tee mit Milch ist längst nicht mehr das einzig Übliche – auch der Kaffee ist meist genießbar. Nicht mal beim »Afternoon Tea« *muss* man Tee trinken – aber nachmittags ist die richtige Zeit für den z. B. in Devon fast in jedem Farmhaus angebotenen Cream Tea: Ein warmes *scone* (eine Art Brötchen, oft mit Rosinen) wird dick mit *clotted cream* (eingedickte, ganz fette Sahne) bestrichen und gekrönt mit *jam* (Marmelade, meist aus roten Früchten).

Die Durstlöscher

Nichts geht dem Briten über ein Pint of Ale in einem urigen Landpub, hier trifft sich Alt und Jung, Arm und Reich zum gemütlichen Palaver. Im Pub bestellt man Getränke (und Essen) an der Theke, zahlt sofort und wartet, bis die Gläser auf den Tresen gestellt werden. Die Auswahl an Bieren ist meist groß und kann in »Free Houses« (d. h. Pubs, die nicht an eine Brauerei gebunden sind) verwirrende Ausmaße annehmen: Helle untergärige Biere heißen *Lager,* stark gehopfte obergärige *Bitter;* viele Free Houses schenken *Real Ales* aus, traditionell gebraute, starke Biere.

Auch den Apfelmost *Cider* gibt es vom Fass (*draught,* sprich: drahft), und zwar als *pint* (0,57 l) oder als *half* (half pint: 0,28 l). Er kann sehr süß bis ganz trocken sein.

Der Weinbau in England erlebt derzeit eine Renaissance, und englischer Rebensaft sowie Schaumwein räumen internationale Preise ab.

Bei »British Wine« handelt es sich um gepanschte Billigware. Allein das Wort »English« auf dem Etikett garantiert, dass der Wein aus einheimischen Trauben erzeugt wurde.

Essen mit Aussicht

- **Harbour View** (Falmouth): Am schönsten speist es sich hier bei Sonnenschein auf der Terrasse mit Blick auf die Yachten – wenn Sie möchten, schon ab 9 Uhr zum Frühstück. › S. 51
- **The Bay Hotel** (Coverack): Nur einen Steinwurf vom Strand entfernt und mit wunderbarem Blick in die Bucht des winzigen Fischerdorfs auf der Lizard-Halbinsel. › S. 55
- **The Loft** (St Ives): Der Blick von der Terrasse eröffnet eine Traumaussicht auf den Hafen und Smeaton Pier. Die Preise sind zivil. › S. 60
- **Outlaw's Seafood & Grill** (Rock): Sternekoch Nathan Outlaws günstigere Variante eines Fischrestaurants mit Terrasse und Blick über den Mündungstrichter des Flusses Camel hinüber nach Padstow. › S. 67
- **The Mote** (Port Isaac): Top-Fischrestaurant im Hafen des malerischen Fischerdorfes an der cornischen Nordküste. › S. 67
- **The View** (Torpoint): Nomen est omen: Ungestörter Rundumblick über die Rame Peninsula von allen Tischen beim einfach gehaltenen, aber gut zubereiteten Essen. › S. 74

Die Ruine von Scotney Castle, im 19. Jh. zu einem romantischen Gartenszenario umgestaltet

TOP-TOUREN IN CORNWALL & SÜDENGLAND

Cornwall und der Südwesten

Das Beste!

- **Im kristallklaren Wasser** der cornischen Küste baden, z.B. auf der Roseland Peninsula › S. 51
- **Im Minack Theatre** eine Aufführung besuchen › S. 58
- **Wellenreiten** in Newquay › S. 65
- **In der Tate Gallery** von St Ives moderne Kunst bewundern › S. 59
- **Den Granitfelsen Haytor** im Dartmoor besteigen › S. 76

Viel Küste bietet die lange Halbinsel von Cornwall und Devon, die sich weit hinaus in den Atlantik schiebt. Das Landesinnere beherrschen die geheimnisvollen Landschaften von Bodmin Moor, Dartmoor und Exmoor.

Die Grafschaften Cornwall und Devon ragen in Form eines Stiefels weit in den Atlantik hinaus. Die äußerste Spitze, Land's End, ist ein von der Gischt des Ozeans umtostes Vorgebirge und eine der gefährlichsten Küsten der Welt. Schon die Seefahrer der Antike steuerten diese Gegend an, um das für die Bronzeherstellung unverzichtbare Zinn zu handeln. Aus den geschäftigen Fischerhäfen liefen später Piraten, Schmuggler und die abenteuerlustigen Kapitäne Elisabeths I. aus.

Heute sind die Bergwerke geschlossen und die Fischfangflotten winzig geworden: Der Fremdenverkehr ist mittlerweile die Haupteinnahmequelle des Südwestens; die durch bewaldete Flußmündungen und geschützte Schluchten voller subtropischer Gartenanlagen geprägte Südküste nennt man »cornische Riviera«. Das glasklare Licht und die wilde Landschaft ziehen aber auch viele Maler und Bildhauer an, weshalb sich in St Ives in Cornwalls Nordwesten Dutzende von Studios und kleineren Galerien angesiedelt haben.

Hochmoore prägen das Landesinnere, im Dartmoor, dem kleineren Bodmin Moor und im Exmoor, das teilweise schon in der Graf-

Wild und zerklüftet zeigt sich die Küste an Englands Westspitze Land's End

schaft Somerset liegt, trifft man nicht nur auf wilde Ponys, sondern auch auf Dolmen und Hünengräber, Hügelfestungen und Hüttendörfer. Legenden von Meerjungfrauen, Hexen und Gnomen *(Pixies)* gehören zum Volksgut, König Artus soll in Tintagel geboren worden sein und in Camelot (das manche Historiker mit Tintagel Castle identifizieren) Hof gehalten haben.

Wem all das noch nicht bunt genug ist, der lasse sich von der üppigen Vegetation verzaubern, die ihre Farbenpracht in den vielen Gärten der Südküste und auf den subtropischen Scilly Inseln zur Schau stellt.

Die Hochmoore Cornwalls sind für ihre wilden Ponys bekannt

Touren in der Region

Cornwall-Rundreise

Tour-Übersicht:

Verlauf: Falmouth › Glendurgan › Trebah › Lizard Peninsula/Mullion Cove › Bonython Estate Gardens › Penzance › Penwith-Halbinsel › Minack Theatre › Land's End › St Ives › Portreath › Redruth › Falmouth

Dauer: 4 Tage

Praktische Hinweise:

- Vorstellungen im Minack Theatre beginnen um 20 Uhr, Mi und Fr gibt es Matinees um 14 Uhr. Picknick, Regensachen und warme Decken mitbringen.

Diese Route führt zu bekannten Sehenswürdigkeiten Cornwalls, aber auch zu den ursprünglichsten und einsamsten Landschaften der Grafschaft.

Tour-Start:

Entlang winziger Gassen geht es von **Falmouth** › S. 51 an der Küste entlang zur wildromantischen Halbinsel Lizard. Auf dem Weg dorthin liegen einige Gärten mit südländischen Palmen, Stauden, Rhododendren und anderen subtropischen Gewächsen, von denen ***Glendurgan Garden** › S. 53 und ***Trebah Garden** › S. 54 die schönsten sind. Beides sind Schluchtgärten, die am Helford River enden, wobei

die Mitte in Glendurgan mit einem Irrgarten aus Lorbeerhecken bepflanzt ist, während Trebahs mehr als 100 Jahre alten Rhododendren und die mächtigen Bambusgewächse dem Garten einen exotischen Touch verleihen.

Einige der vielen einsamen Buchten der urwüchsigen ****Lizard Peninsula** › S. 54, an deren felsiger Spitze der Leuchtturm von Lizard Point die Seefahrer vor dem südlichsten Punkt Englands warnt, sind Coverack, Cadgwith, Kynance Cove und **Mullion Cove,** wo Sie übernachten.

Der nächste Vormittag ist einem noch wenig bekannten Kleinod von Garten gewidmet, den ***Bonython Estate Gardens** › S. 55, dann machen Sie sich auf den Weg zum ***St Michael's Mount** › S. 56, einer pittoresken Klosterfestung in der Bucht von **Penzance** › S. 56.

Nach der Nacht in Penzance umfahren Sie die **Penwith-Halbinsel** › S. 58. Sehenswert ist das sehr ursprüngliche Fischerörtchen ***Mousehole**, die Bucht von Lamorna, von wo aus Sie die **Merry Maidens** › S. 58, einen prähistorischen Steinkreis erwandern können, und natürlich auch das ****Minack Amphitheatre** › S. 58 bei Porthcurno, das seine Besucher regelmäßig begeistert. Nur wenige Meilen weiter ist **Land's End** erreicht, doch den touristischen Rummel an Englands Westspitze lässt man besser schnell hinter sich. Eine enge Küstenstraße führt von hier durch kleine Bergarbeiterdör-

fer nach **St Ives › S.59, einem Seebad mit Künstlerkolonie und einst
Heimat von Rosamunde Pilcher.
Hier übernachten Sie und genießen
den nächsten Vormittag in den verwinkelten Gassen und an den schönen Sandstränden. Am Nachmittag
fahren Sie weiter die Küste entlang
nach Portreath › S. 61 und dann landeinwärts. Redruth › S. 61 ist als Berg-
arbeiterstadt industrielles Weltkulturerbe der Vereinten Nationen. Im
nahegelegenen Pool können Sie sich
in der vom National Trust erhaltenen East Pool Mine über die Rolle
der Dampfkraft für den heimischen
Bergbau informieren, bevor Sie
sich, nach Falmouth zurückgekehrt,
ein kräftiges Dinner verdient haben.

Von Küste zu Küste

Tour-Übersicht:

**Verlauf: Plymouth › Rame Pen-
insula › Looe › Polperro › Fowey ›
Eden Project › Lost Gardens of
Heligan › Mevagissey › Roseland
Peninsula › Trelissick Garden
› Truro › Padstow › Prideaux
Place › Port Isaac › Tintagel ›
Lanhydrock House › Cotehele
House › Plymouth**

Dauer: 5 Tage
Praktische Hinweise:
▪ Für den Tag im Dartmoor National
 Park sollten Sie unbedingt Wanderschuhe dabei haben. Hier locken
 1000 km Wanderwege durch einsame Natur.

Tour-Start:

Von Stonehouse, einem Stadtteil der
Hafenstadt Plymouth › S. 70, überqueren Sie den Grenzfluss Tamar
mit der Kettenfähre. Torpoint am
anderen Ufer liegt bereits in Cornwall auf einer Halbinsel. Von drei
Seiten Wasser umgeben, nennen die
Cornishmen die Rame Peninsula
› S. 72 »the forgotten corner«. Vor
rund 500 Jahren hat sich die Familie
Edgcumbe in dieser Abgeschieden-
heit einen Jakobinerlandsitz gebaut.
*Mount Edgcumbe › S. 73 liegt in ei-
nem 350 ha großen Countrypark,
in dem auch eine herrliche Gartenanlage zu besichtigen ist. Die historischen Fischerdörfer Kingsand und
Cawsand befinden sich entlang dieser besonders zerklüfteten Küste,
deren Buchten und Häfen ein wahres Schmugglerparadies darstellten.
In Looe und *Polperro › S. 74 können Sie sich davon überzeugen.

Mit der Fähre setzen Sie anschließend nach **Fowey › S. 64 über. In
dem romantischen, verwinkelten
Ort mit guten Restaurants, Pubs
und Einkaufsmöglichkeiten bleiben
Sie über Nacht. Nur 20 km westlich
erreichen Sie am nächsten Morgen
das **Eden Project › S. 64, dessen
Riesengewächshäuser sich in einer
alten Kaolingrube verbergen. Auch
der Nachmittag steht ganz im Zeichen der üppigen Vegetation Cornwalls – einer der Gründe, weshalb
man die Südküste auch »cornische
Riviera« taufte. Die Lost Gardens of
Heligan › S. 63 versetzen Sie zurück
ins 19. Jh., als diese 400 ha große
fruchtbare Wildnis der Nutz- und
Ziergarten der Familie Tremayne

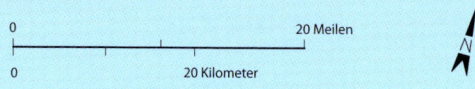

Touren in Cornwall

Tour 4 **Cornwall-Rundreise** Falmouth › Glendurgan › Trebah › Lizard Peninsula/
Mullion Cove › Bonython Estate Gardens › Penzance › Penwith-Halbinsel › Minack Theatre ›
Land's End › St Ives › Portreath › Redruth › Falmouth

Tour 5 **Von Küste zu Küste** Plymouth › Rame Peninsula › Looe › Polperro › Fowey ›
Eden Project › Lost Gardes of Heligan › Mevagissey › Roseland Peninsula › Truro › Padstow ›
Prideaux Place › Port Isaac › Tintagel › Lanhydrock House › Cotehele House › Plymouth

war. Nur einen Katzensprung entfernt betten Sie Ihr Haupt in **Mevagissey** › **S. 62** mit Blick auf die Bucht und den Strand.

Den nächsten Tag verbringen Sie auf der ***Roseland Peninsula** › **S. 51**, ein idyllisches Fleckchen Erde und eine der einsamsten und ursprünglichen Landschaften Cornwalls. Auf dem Weg landeinwärts in die Grafschaftshauptstadt **Truro** › **S. 62** mit ihrer sehenswerten neugotischen Kathedrale und den verwinkelten Altstadtgassen besuchen Sie den ***Trelissick Garden** › **S. 53**.

Von Truro geht die Reise weiter an die Nordküste, wo sich ***Padstow** › **S. 66** einen klangvollen Namen als kulinarische Hochburg der Region geschaffen hat. Über dem eleganten Fischerort steht der elisabethanische Landsitz der Familie Prideaux-Brune, **Prideaux Place** › **S. 66**. Die Hausherren Peter und Elisabeth sind häufige Gastgeber für das Team vom ZDF, das Rosamunde Pilchers Romane in Szene setzt.

Am nächsten Tag geht es weiter Richtung Norden, wo die Schieferküste nun immer unwirtlicher und rauer wird. **Port Isaac** › **S. 67** ist idyllisch und liegt zu Füßen der Steilklippen während die Burgruine von ***Tintagel** › **S. 68** hoch oben auf den Klippen prangt. Hier soll König Artus auf die Welt gekommen sein, wovon der Ort bis heute sein Auskommen hat. Für Übernachtungsmöglichkeiten ist gesorgt. Auf dem Rückweg nach Plymouth sollten sie bei zwei weiteren Landsitzen einen Halt einlegen. ****Lanhydrock House** › **S. 69** bei Bodmin erlaubt einen authentischen Blick hinter die Kulissen eines englischen Adelssitzes mit einem großartigen Garten.

*Cotehele House › S. 75, nur noch 10 km nördlich von Plymouth hoch über dem Ufer des Tamar, hat sich seit fast 600 Jahren kaum verändert und wirkt dagegen richtig bescheiden. Zu seinen Schätzen zählen vor allem flämische Wandteppiche. Die Tour endet in der großen Hafenstadt **Plymouth** › S. 70.

Dartmoor und die englische Riviera

Tour-Übersicht:

Verlauf: Exeter › Castle Drogo › Dartmoor › Buckfast Abbey › Totnes › Dartmouth › Brixham › Paignton › Torquay › Cockington › Powderham Castle › Exeter

Dauer: 3 Tage

Praktische Hinweise:
- Wenn Sie Greenway nicht mit der Fähre, sondern mit dem Auto besuchen wollen, müssen Sie vorab einen Parkplatz buchen (www.nationaltrust.org.uk/greenway, › S. 82).

Tour-Start:

Sie verlassen die Kathedralenstadt *Exeter › S. 83 auf der A 30, von der Sie vor Okehampton Richtung Westen auf die einspurige Landstraße zum *Castle Drogo › S. 77 (ausgeschildert) abbiegen. Englands jüngste Burg steht am Nordrand des **Dartmoors** › S. 75. Durch More-

tonhampstead › S. 78 fahren Sie am **Haytor** vorbei (eine Besteigung des Granitfelsens wird mit einer großartigen Aussicht belohnt) nach **Widecombe in the Moor** › S. 78, einem entzückenden Örtchen mit hübscher Kirche und der langen Tradition einer Kirmes (Widecombe Fair). Am westlichen Rand des Moores finden Sie eines der wenigen noch aktiven Klöster des Landes, die **Buckfast Abbey** › S. 77, die Anfang des 20. Jhs. von den Mönchen eigenhändig in Rekordzeit wieder aufgebaut wurde. Von dort ist es nur noch eine halbe Stunde Fahrt in die Kleinstadt **Totnes** › S. 80 mit ihrer normannischen Burg und hübschen Innenstadt. Am nächsten Morgen fahren Sie durch eine grüne, saftige Hügellandschaft nach **Dartmouth** › S. 80, eine wohlhabende alte Hafenstadt am Westufer des River Dart. Von dort bringt Sie eine Fähre über den Fluss nach **Kingswear** › S. 81, von wo aus Agatha-Christie-Fans einen Abstecher in ihr Sommerhaus **Greenway** › S. 82 machen sollten. Der zauberhafte Fischerhafen **Brixham** › S. 80 liegt am westlichen Ende der 35 km langen Torbay. Den frischen Fang servieren zahlreiche Restaurants. Die Tor-Bucht mit ihren zahlreichen Stränden erkunden Sie am nächsten Tag, wenn Sie über **Paignton** › S. 80 ins »Nizza« Englands fahren, das Seebad *Torquay › S. 78. Dort können Sie die Spur von Agatha Christie wieder aufnehmen oder einen Spaziergang nach *Cockington › S. 79 machen, einem Bilderbuchdorf aus sächsischer Zeit. Über

Touren in Devon und dem westlichen Somerset

Tour 6 **Dartmoor und die englische Riviera** Exeter › Castle Drogo › Dartmoor › Buckfast Abbey › Totnes › Dartmouth › Brixham › Paignton › Torquay › Cockington › Powderham Castle › Exeter

Tour 7 **Devons Nordküste und das Exmoor** Dunster › Lynton/Lynmouth › Ilfracombe › Woolacombe › Croyde › Clovelly › Exmoor › Dunster

*Powderham Castle › S. 85 geht es dann entlang der englischen Riviera zurück nach Exeter.

Tour 7 Devons Nordküste und das Exmoor

Tour-Übersicht:

Verlauf: Dunster › Lynton/Lynmouth › Ilfracombe › Woolacombe › Croyde › Clovelly › Exmoor › Dunster

Dauer: 3 Tage
Praktische Hinweise:
- Richten Sie sich auf einen steilen, kopfsteingepflasterten Fußweg in Clovelly und 25 % Steigung der Straßen bei Lynton/Lynmouth ein.

Tour-Start:

Sie verlassen das mittelalterliche *Dunster › S. 86 zu Füßen des Castle entlang der Küstenstraße nach Lynton und *Lynmouth › S. 87. Die Zwillingsörtchen am spektakulärsten Abschnitt der Steilküste im Herzen der »englischen Schweiz« sind durch eine Klippe voneinander getrennt, die mit einer Wasserballastbahn überwunden werden kann. Wandern lässt es sich dort hervorragend im Valley of the Rocks.

Im viktorianischen Seebad **Ifracombe** › S. 88 haben Sie am Abend eine gute Auswahl an Restaurants und Pensionen. Entlang der flachen Sandstrände von **Woolacombe** und **Croyde** › S. 88 geht es am nächsten Tag zu einem der malerischsten Fischerdörfer des Landes, ****Clovelly** › S. 89. Für die Erkundung dieses Dorfes in Privatbesitz (Eintritt!) haben Sie den Rest des Tages Zeit.

Den letzten Tag nimmt vollständig die Erkundung des ****Exmoors** › S. 85 mit seinen Ponys, der wilden Moorlandschaft, den saftigen Flußtälern und einer prähistorischen Brücke in Anspruch. Sie starten in **Dulverton** oder **Winsford** › S. 86 und kehren abends voller Natureindrücke wieder nach Dunster zurück.

SEITENBLICK

Cornwalls Symbole

Willkommen in Kernow – so lautet der alte, kornische Name der Grafschaft, der auch auf dem Wappen Cornwalls zu finden ist. Darauf halten ein Fischer und ein Bergarbeiter als Vertreter der ehemals wichtigsten Einnahmequellen ein Schild mit 15 Goldmünzen, auf dem ein schwarzer, alpenkrähenartiger Vogel mit rotem Schnabel und roten Füßen sitzt: der sehr rare Nationalvogel Cornwalls namens Chough. Darunter steht der Wahlspruch der Cornish People: One and all, was so viel heißt wie einer für alle, alle für einen. Die schwarze Flagge mit einem weißen Kreuz darauf ist die Fahne des hl. Piran, des Schutzheiligen der Grafschaft. Er soll die Region nicht nur christlich missioniert, sondern auch den Zinnbergbau wiederbelebt haben: Der Legende nach brachte die Hitze seines Lagerfeuers den Erdboden zum Bersten, sodass das kostbare weiße Zinn herausquoll.

Unterwegs in der Region

Falmouth 🔳

Falmouth ist der größte Urlaubsort an Cornwalls lieblicher Südküste. Zu Bedeutung gelangte dieser riesige Naturhafen durch sein Monopol bei der Verschiffung sämtlicher Post des British Empire über den Atlantik. Mit dem Aufkommen der Dampfkraft war es damit jedoch vorbei. Heute ist Tourismus die größte Einnahmequelle; in der Werft werden außerdem noch Schiffe gebaut und repariert.

Erklimmen Sie im Zentrum die **Jacob's Steps** und genießen Sie die Ausblicke über die **Carrick Road**, wie die Mündung des Rivers Fal genannt wird, die vom **Pendennis Castle** (April–Sep. 10–17, Juli–Aug. bis 18 Uhr, sonst nur bis 16 Uhr) auf der einen und **St Mawes Castle** auf der anderen Seite überwacht wird.

Ein Besuchermagnet ist das **National Maritime Museum** mit seiner großen Bootssammlung (tgl. 10 bis 17 Uhr; £ 11; www.nmmc.co.uk).

Info

Tourist Information Centre (TIC)
▪ 11 Market Strand
▪ Prince of Wales Pier | TR11 3DF
▪ Tel. 01326-312 300
▪ www.falmouth.co.uk

Hotel

Bosanneth Hotel ●●
Geschmackvoll eingerichtetes Haus mit schönem Garten und Blick über Gyllyngvase Beach.

▪ Gyllingvase Hill | TR11 4DW
▪ Tel. 01326-314 694
▪ www.bosanneth.co.uk

Restaurant

Harbour View ●●
Frühstück, tolle Lunchangebote und Dinner mit Blick auf den alten Hafen, auch großes Terrassendeck.
▪ 24 Arwenack St | TR11 3JB
▪ Tel. 01326-315 315
▪ www.harbourdining.com

Erst-klassig

Ausflüge ab Falmouth

*Roseland Peninsula

Die ruhige und malerische **Roseland-Halbinsel,** die wenig mit Rosen zu tun hat, sondern deren Name auf Altkornisch so viel wie »das Land, das ins Meer ragt« bedeutet, ist eine der unberührten und vom Tourismus eher übersehenen Regionen.

Im National Maritime Museum

Sie liegt mit ihren Flüssen, bewaldeten Tälern und hübschen Dörfern wie **Gerrans, Portscatho** oder auch **Veryan** mit seinen berühmten runden Häusern, die ein Missionar für seine Töchter gebaut haben soll, im Windschatten der Lizard-Halbinsel. Deswegen hat sie eine besonders üppige Vegetation. So badet es sich auch besonders gut in den entlegenen Buchten und an den goldenen Stränden, z. B. **Porthbeor** mit seinen tollen Felsformationen, **Carne** oder **Pendower Beach**.

Zu erreichen ist die Roseland Peninsula über das Festland (27 Meilen) oder mit der King Harry Ferry, einer Kettenfähre von Feock bei Falmouth nach Philleigh, die alle 20 Min. fährt (300 m, www.falriver.co.uk/getting-about/ferries/king-harry-ferry). In Philleigh gibt es ein schönes Pub, **The Roseland Inn** (www.roselandinn.co.uk).

Eine Passagierfähre verkehrt auch von Falmouth ins Städtchen **St. Mawes 2** an der Südspitze der Halbinsel, wo man sich in ein Freilichtmuseum versetzt fühlt: Steil ansteigende Sträßchen mit pastellfarbenen Cottages führen auf den Hügel mit der kleinen Kirche. Auf einer Anhöhe liegen die **Festung** (April–Aug. So–Fr 10–17 Uhr, Sept. bis 16 Uhr) und der auf Azaleen spezialisierte **Lamorran Garden** (Upper Castle Rd., April–Sept. Mi–Fr 10–17 Uhr, Eintritt £ 7,50) – und überall warten einladende Pubs.

Erst-klassig Traditionsreiche Pubs in Cornwall

■ **The Punch Bowl & Ladle:** An der strohgedeckten Kate ranken Rosen, drinnen stützen dunkle Balken die tiefen Decken. Das Essen hat Brasserie-Standard. Auch Zimmer. › S. 53

■ **Admiral Benbow:** Ein Schmuggler mit Pistole kauert auf dem Dachfirst, im Schankraum Kanonen, Schiffsfiguren und Wrackteile: Kein Zweifel, das Admiral Benbow in Penzance hat eine lange Geschichte als Schmugglerspelunke. › S. 56

■ **Fountain Inn:** Efeu und Blumen überwuchern das Gasthaus aus dem 15. Jh. in Mevagissey. Schieferboden, Eichenbalken und Kamin schaffen die Atmosphäre für Fisch und Steaks. Auch saubere Zimmer. › S. 63

■ **Devonport Inn:** Das alte Pub in Cawsand hat sich einen modernen, frischen Anstrich und den Zusatz Gastro gegeben. Wer draußen sitzt, hat einen Blick auf die Kingsand Bay. › S. 74

■ **Blue Peter Inn:** Das Pub in Polperro ist berühmt für seine Live-Musik, freche Sprüche zieren die schwarzen Balken. Die Brauerei Sharps kreierte eigens ein Ale: »Blues Best«. › S. 75

Info

Roseland Visitor Centre
■ The Square | St Mawes | TR2 5AG
■ Tel. 0326-270 440
■ www.roselandpeninsula.com oder www.stmawesandtheroseland.co.uk

Hotel

The Rising Sun ●●—●●●
Sehr empfehlenswertes Pub mit einer Terrasse zum Hafen hinaus und acht guten Gästezimmern.

Abendstimmung vor St Mawes auf der Roseland Peninsula

■ The Square | St. Mawes | TR2 5DJ
■ Tel. 01326-270 233
■ www.risingsunstmawes.co.uk

Pub

The Kings Head ●–●●
Stilechtes Country Pub abseits der Touristenrouten. Spezialität ist Ente.
■ Ruan Lanihorne | TR2 5NX
■ Tel. 01872-501 263
■ www.kings-head-roseland.co.uk
■ Im Winter So abends und Mo geschl.

*Trelissick Garden

Auf dem Weg von Falmouth zur King-Harry-Fähre liegt dieser wunderbare, 10 ha große Landschaftsgarten, der vom National Trust betreut wird. Am Eingang trifft man auf einen Haus- und Kräutergarten, um dann auf stillen Wegen zwischen Rhododendren, Magnolien und Ahornarten eine Vielfalt subtropischer Pflanzen zu begegnen. Ein Schmuckstück ist die chinesische Zeder auf der zentralen Rasenfläche.

Info

■ Feock |TR3 6QL
■ www.nationaltrust.org.uk/trelissick-garden
■ Mitte Febr.–Okt. tgl. 10.30–17.30, Nov.–Mitte Febr. 11–16 Uhr

Ganz in der Nähe, im Dorf Penelewey steht das idyllische Pub Punch Bowl & Ladle (www. punchbowlandladle.com, › S. 52).

*Glendurgan Garden

Eine gewundene, teilweise einspurige Landstraße führt nach Mawnan Smith, 8 km südwestlich von Falmouth, wo sich mehrere subtropische Schluchtgärten zum Helford River erstrecken. Der National Trust betreut den Glendurgan Garden, an dessen Hängen Yuccas, Baumfarne, Hanfpalmen und Agaven gedeihen, nicht zu vergessen die üppigen Rhododendren, die das Markenzeichen vieler cornischer Gärten sind. Das Besondere an dieser Anlage ist der Irrgarten aus Lorbeerhecken aus dem Jahr 1833.

Info

- Mawnan Smith | TR11 5JZ
- www.nationaltrust.org.uk/ glendurgan-garden
- Mitte Feb.–Okt Di–So 10.30 bis 17.30 Uhr; Eintritt £ 6,80

*Trebah Garden

Ein paar hundert Meter weiter wuchert im nächsten geschützen Tal auf 12 ha ein wahrer subtropischer Urwald. Die Schlucht voller Palmen, baumhoher Rhododendren, Hortensien, einem Bambuswäldchen und Mangrovenhain endet an einem Privatstrand am Fluss Helford. Kinder toben gern in Tarzan's Camp, man kann wunderbar im Planters Cafe draußen sitzen. Trebah ist im Privatbesitz von Tony Hibbert, einem 95jährigen Kriegsveteranen und Ehrenbürger von Kiel, das er vor dem Zugriff der Roten Armee rettete. Eigentlich wollte er sich hier segelnd und golfspielend zur Ruhe setzen, doch dann wurde die Gartenanlage sein Lebenswerk. (tgl. 10–17 Uhr; Eintritt £ 8.50; www.trebahgarden.co.uk).

Lizard Peninsula 3

Die Halbinsel ist der südlichste Punkt der Britischen Inseln und ein Naturschutzgebiet. 600 Arten von Wildblumen soll es hier geben, seit 2002 brütet hier auch wieder der Nationalvogel der Grafschaft, der Cornish Chough – eine Art Alpenkrähe mit rotem Schnabel und roten Füßen. An der Südspitze **Lizard Point** warnt ein rot-weißer Leuchtturm vor der gefährlichen Klippe. Er ist dennoch als Schiffsfriedhof bekannt – und für seinen rot, blau und grün marmorierten Serpentinstein, aus dem Schmuck und vor allem Souvenirs gefertigt werden. Auch ist die Lizard-Halbinsel der einzige Flecken der Grafschaft, wo man noch die einheimische cornische Heide findet. Weniger naturwissenschaftliche Reize vermitteln die winzigen Fischerdörfer, an deren Stränden bunte Boote liegen und sich malerische weiße Häuser an die Hänge schmiegen. Lizard ist voller Kontraste, von den sanften grünen Landschaften bis zu den dramatischen Klippen am Lizard Point, die einen herrlichen Küstenrundblick bieten.

Fischerorte wie **Coverack** oder Kennack Sands werden von Windsurfern geschätzt. Vielerorts verstecken sich Galerien in Lofts, ehemaligen Salzkellern oder Kapellen, etwa die Crow's Nest Gallery in **Cadgwith**. Vor allem sind die einsamen Buchten wie **Kynance Cove** (Achtung, in der malerischen Bucht, die dem National Trust gehört, herrscht oft eine gefährliche Strömung), **Church Cove** und **Mullion Cove** die Fahrt über enge, kurvige Straßen wert. Ein Tipp für Schleckermäuler: Aus Tregellast Barton kommt das Speiseeis von **Roskillys**, das zu den besten des Landes gehört

(St. Keverne, TR12 6NX, www.roskillys.co.uk)! Und für Tierliebhaber: In **Gweek** werden in der Seal Sanctuary junge Robben aufgepäppelt (www.sealsanctuary.co.uk).

Hotels

Mullion Cove Hotel ●●—●●●
Komfortable, landestypische Einrichtung, fantastischer Ausblick. Beheizter Swimmingpool.
▮ Mullion Cove
▮ TR12 7EP
▮ Tel. 01326-240 328
▮ www.mullion-cove.co.uk

The Bay Hotel ●●
Alle Zimmer sind in sommerfrischen Meeresfarben gehalten, vom Restaurant und vielen Zimmern aus hat man einen schönen Meeresblick.
▮ Coverack
▮ TR12 6TF
▮ Tel. 01326-280 464
▮ www.thebayhotel.co.uk

Shopping

Ann's Pasties ●
Hier werden seit Generationen Cornish Pasties gebacken; die Mutter der Inhaberin Ann hat sogar ein Kochbuch über die Nationalspeise geschrieben.
▮ Sunny Corner | Beacon Terrace
▮ The Lizard | TR12 7PB
▮ Tel. 01326-290 889
▮ www.annspasties.co.uk

*Bonython Estate Gardens

Kurz vor Helston versteckt sich am Ende einer einspurigen Landstraße dieses wahre Kleinod von Garten. Bezahlt wird in eine Kasse des Vertrauens, an schönen Tagen warten kostenloser Tee und Kuchen im reetgedeckten Sommerhaus auf die Besucher. Die Anlage, bestehend aus drei Seen und sorgfältig angelegten Rabatten steht den meisten

Der Leuchtturm von Lizard Point markiert Englands Südspitze

cornischen Gärten in nichts nach – außer dass man hier mitunter der einzige Besucher ist. (März–Sept. Mo–Fr 10–16.30, Eintritt £ 6; www.bonythonmanor.co.uk)

Penzance 4

Die verkehrsreiche Stadt hat einiges zu bieten, z. B. das eigenwillige **Ägyptische Haus** in der Chapel St., einige urige Piratenpubs wie das **Admiral Benbow** und subtropische Parkanlagen mit kanarischen Dattelpalmen. An der Strandpromenade entstand in den 1930er-Jahren das Meerwasserschwimmbad **Jubilee Pool** (Mai–Sept. tgl. 10.30–18 Uhr).

Die Promenade verläuft bis in den Nachbarort **Newlyn**, in dem die größte Fischfangflotte Südenglands sowie eine Künstlerkolonie zu Hause sind, deren Arbeiten man sich im **Penlee House Gallery & Museum** ansehen kann (Mo–Sa 10–17 Uhr, im Winter 10.30–16.30 Uhr, www.penleehouse.org.uk).

Der Name Penzance bedeutet so viel wie »heilige Landspitze« und bezieht sich auf eine Kirchengründung in frühchristlicher Zeit. Ein keltisches Kreuz befindet sich auf dem Gelände der **St Mary Abbey**, die aus den 1830er-Jahren stammt. Musikfreunden dürfte der Name dank der Gilbert-und-Sullivan-Operette »Die Piraten von Penzance« geläufig sein (Info: www.penzance.co.uk).

Hotel

Abbey ●●–●●●
Kleines Haus (17. Jh.) mit Garten, etwas exzentrisch; hervorragendes Restaurant.

■ Abbey St. | TR18 4AR
■ Tel. 01736-366 906
■ www.theabbeyonline.co.uk

Restaurant

Harris's ●●
Fangfrischer Fisch, der erstklassig zubereitet wird.

■ 46 New St. | TR18 2LZ
■ Tel. 01736-364 408
■ www.harrissrestaurant.co.uk
■ Mo geschl.

Ausflüge ab Penzance

*St Michael's Mount

Der markante steile Klosterfelsen in der Buch von Penzance wurde im 11. Jh. den Benediktinern als Dependance des Mont-Saint-Michel in der Normandie übereignet, später zur Festung umgebaut und schließlich der Familie St. Aubyn auf Grundlage eines auf 999 Jahre ausgelegten Pachtvertrags als Landsitz übereignet. Die St. Aubyns wohnen immer noch hier. Der Zugang ist gezeitenabhängig, bei Flut verkehren kostenpflichtige Boote, bei Ebbe läuft man in zehn Minuten hinüber.

Auch der schöne **subtropische Garten** ist zu besichtigen

Info

■ **Gebäude**: Mitte März–Aug So–Fr 10.30–17, Sept. bis 17 Uhr, im Winter Di/Fr mit Führung um 11 und 14 Uhr
■ **Garten**: Mitte April–Juni Mo–Fr 10.30–17 Uhr, Juli–Okt. nur Do, Fr 10.30–17.30 Uhr
■ **kostenlose Führungen zum Inselleben**: Di und Fr um 11 und 14 Uhr
■ www.stmichaelsmount.co.uk

Eine Treppe führt zur Neptunstatue in den Tresco Abbey Gardens, Scilly Islands

Tremeneere Sculpture Garden

Erst im Herbst 2012 eröffnete zwischen Penzance und Marazion in einem geschützten Tal dieser Skulpturengarten mit subtropischer Bepflanzung und zeitgenössischen Kunstinstallationen. Vom Lime Tree Café aus kann man einen Blick auf den St Michael's Mount erhaschen (nahe Gulval, TR20 8YL; Mo–Sa 10–17 Uhr, So bis 16 Uhr, im Winter Mo Ruhetag; Eintritt £ 6,50; www.tremenheere.co.uk).

**Isles of Scilly

Von den rund 150 Inseln im Atlantik, 45 km südwestlich vor Land's End, sind nur fünf bewohnt, und es herrscht ein ungewöhnlich mildes Klima. Ein Besuch ist unbedingt zu empfehlen. Neben der größten Insel **St. Mary's** ist besonders **Tresco** von Interesse: Die Abbey Gardens sind ein Paradies subtropischer Pflanzenwelt, die im wärmsten Klima Englands gedeihen, selbst im Winter stehen 300 der 20 000 Pflanzen aus 80 Ländern in Blüte (tgl. 10 bis 16 Uhr, Eintritt £ 12, Kinder unter 16 Jahren frei, www.tresco.co.uk) .

Info

Isles of Scilly Tourist Information
- Hugh Town | St. Mary's | TR21 0LL
- Tel. 01720-424 031
- www.simplyscilly.co.uk

Verkehr

Scilly Steamship Co.
Mit dem **Schiff** ab Pencance April–Okt. in etwa 2,5 Std.; Tagesausflug (hin und zurück) ab £ 35.
Der Skybus fliegt das ganze Jahr über ab Newquay und Land's End Airport, in der Saison auch ab Exeter (ca. £ 100)
- Tel. 0845-710 5555
- www.islesofscilly-travel.co.uk

Penwith-Halbinsel

Es lohnt sich, den westlichsten Zipfel Cornwalls, die Penwith Peninsula, einmal ganz in Ruhe zu umrunden. Wer die Halbinsel zu Fuß erwandern möchte, kann die 36 Meilen zwischen Penzance und St Ives auf dem South West Coastal Path, dem Küstenwanderweg, immer am Meer entlanglaufen › **S. 90**.

*Mousehole

Von Penzance aus kommt man durch eines der malerischsten Dörfer in Cornwall, Mousehole. Den Namen erhielt der Fischerort von der nahegelegenen Höhle etwa 150 m südlich des Dorfkerns. Aus dieser 850-Seelen-Gemeinde soll auch der Stargazy Pie stammen, eine Fischpastete, bei der die Köpfe der Sardinen durch die Kartoffelbreikruste hindurch ragen.

Die Kreation entstand der Sage nach, als ein tapferer Fischer das Dorf vor dem Hungertod errettete, indem er sich trotz andauernder Winterstürme zum Fischen auf die tosende See wagte und mit einem Jahrhundertfang zurückkehrte.

Merry Maidens

Einige Meilen weiter entlang der Küste stößt man auf eine Ansammlung von Landhäusern, die sich idyllisch um einen natürlichen Hafen gruppiert haben – **Lamorna**.

Von hier aus lassen sich die **Merry Maidens**, ein aus 19 gut einen Meter hohen Megalithen bestehender bronzezeitlicher Steinkreis, leicht erwandern. Sie waren angeblich Jungfrauen, die zur Strafe für ihre sonntäglichen Ausschweifungen – mitsamt der beiden Dudelsackspieler (Pipers) ein paar Meter weiter – versteinert worden sein sollen.

In der Gegend findet man noch weitere Megalithanlagen, wie etwa Hügelgräber, die hier Quoits heissen, oder den **Men-an-Tol**, einen Lochstein mit heilenden Fähigkeiten. Auch die Überreste eines eisenzeitlichen Hüttendorfes von vor 2000 Jahren, **Chysauster Village**, sind einen Abstecher wert.

**Minack Amphitheatre [5]

Ein wahres Feuerwerk für die Sinne und oft spektakuläre Aufführungen bietet diese Freilichtbühne direkt über dem Meer in **Porthcurno**. Es ist das Lebenswerk von Rowena Cade, die es in den 1920er-Jahren von London hier ans Ende der Welt verschlagen hatte. Sie baute das Theater in atemberaubender Position direkt in die Klippen, um eine Bühne für ihre Laiendarbietungen von Shakespeare-Stücken zu schaffen und örtlichen Wandertruppen eine Spielstätte zu geben. Von den begrasten Stufen haben heute 800 Zuschauer einen unvergesslichen Ausblick auf die Bühne vor der tobenden Brandung (Box Office/Info-Tel. 01736-810 181/471, www.minack.com).

Nördlich von Land's End

Den Rummel von **Land's End** lässt man am besten schnell hinter sich und fährt weiter nach ***Sennen Cove** – auch ein Klippenspaziergang

Einmalig gelegen: das Minack Amphitheater

hierher ist möglich. Die Bucht punktet mit ihrem schönen weißen Strand und dem »Old Success Inn«. Weiter östlich liegen mit **St. Just in Penwith** und **Zennor** uralte Bergarbeiterdörfer voller Charme. In die Welt des Bergbaus führt die **Geevor Mine** bei Pendeen ein (Ostern–Okt. So–Fr 9–17, im Winter 9–16 Uhr; www.geevor.com).

****St Ives** 6

Das wunderschöne, im Sommer aber sehr überlaufene Städtchen an der Westküste ist stolz auf gute Strände wie **Porthmeor Beach**, gepflegte Hafenanlagen, gute Shoppingmöglichkeiten und seine engen Beziehungen zur bildenden Kunst › S. 32. Dass sich hier seit dem 19. Jh. immer wieder Künstler niederlassen, hat einen speziellen Markt entstehen lassen, der vielen Galerien ein Auskommen verschafft.

Die ***Tate St Ives** (Filiale der Londoner Tate Gallery) zeigt in ihrem sehr gelungenen modernen Gebäude (1993) am Porthmeor Beach Arbeiten von Barbara Hepworth, Ben Nicholson, Naum Gabo u.v.a. Der **Coffee Shop** der Tate St Ives bietet wunderbare Ausblicke über den Strand bei gutem Kaffee und Kuchen. Die Tate betreut auch das ehemalige Trewyn Studio, das heute **Barbara Hepworth Museum and Sculpture Garden** heißt und weitere Skulpturen am Barnoon Hill ausstellt (beide Museen März–Okt. tgl. 10–17, sonst Di–So bis 16 Uhr; je £ 6,25; www.tate.org.uk/stives).

Viele Deutsche kommen auch hier her, weil Rosamunde Pilcher im Nachbarort Lelant geboren wurde. In ihren Romanen heißt St Ives Porthkerris, und wer auf ihren Spuren unterwegs ist, sollte im Tregenna **Castle Hotel** (www.tregenna-castle.co.uk) absteigen und im

Eingang zur Tate Gallery in St Ives

historischen **Sloop Inn** am Hafen sein Bier trinken.

Info

Tourist Information Centre (TIC)
- Guildhall
- Street-an-Pol | TR26 2DS
- Tel. 01736-796 297
- www.stives-cornwall.co.uk

Hotels

Primrose Valley Hotel ●●●
Edles Boutiquehotel mit Umweltbewusstsein direkt am Strand; kein Restaurant, aber eine Bar im Haus.
- Porthminster Beach | TR26 2ED
- Tel. 01736-794 939
- www.primroseonline.co.uk

No 8 Windsor Terrace ●—●●
B & B in viktorianischem Kapitänshaus voller Antiquitäten und Kunst mit Blick über die Dächer der Stadt. Auch Loft und Apartment.
- 8 Windsor Terrace | TR26 1DP
- Tel. 01736-794 235
- www.no8windsor-st-ives.co.uk

Restaurants

The Loft Restaurant and Terrace ●●
Gemütliches aber feines Restaurant in einer alten Segelmacherwerkstatt mit beheizter Terrasse und Blick auf den Godrevy-Leuchtturm.
- Norway Lane | TR26 1LZ
- Tel. 01736-794 204
- www.theloftrestaurantandterrace.co.uk

**Erst- !
klassi**

Porthmeor Beach Café ●●
Die umfangreiche Speisekarte und seine Position direkt am Surfstrand machen dieses entspannte Lokal zu einem Dauerbrenner.

- Porthmeor Beach | TR26 1 JZ
- Tel. 01736-793 366
- www.primroseonline.co.uk
- Jan–März geschl.

Blas Burgerworks ●

Hier gibts's die günstigsten und besten Burger der Stadt aus cornischem Biofleisch. Winziger Laden in winziger Gasse, auch Fisch direkt vom Boot, wenn ein Fang reinkommt.

- The Warren | TR26 2EA
- Tel. 01736-79 72 72
- www.blasburgerworks.co.uk

Auf der Küstenstraße nach Portreath

Von Hayle sollte man unbedingt die B 3301 in Richtung Portreath nehmen, um sich an drei Meilen langen Dünen zu erfreuen. Besonders gut geht das im Godrevy Café, das in Form einer Strandhütte nahe am Strand steht und bei Einheimischen sehr beliebt ist (www.godrevycafe. co.uk). Kurz hinter der Landspitze **Godrevy Head**, die durch den Godrevy-Leuchtturm gesichert ist und in Rosamunde-Pilcher-Filmen Schauplatz zahlreicher romantischer Begegnungen ist, erreichen Sie die bekanntesten Steilklippen: **Hell's Mouth** und **Deadman's Cove**.

Am Ende der kurvenreichen und engen Straße liegt die **Bucht von Portreath** **7**, leicht zu erkennen am vorgelagerten Brandungspfeiler. Das Fischerdorf diente bis Anfang des 20. Jhs. auch als Hafen für Kupfer und Zinnexporte und ist beliebt bei Surfern.

Redruth **8**

Bei aller Naturschönheit der Grafschaft ist es leicht zu vergessen, dass Cornwall über viele Jahrhunderte eines der größten Industriegebiete der Welt war. Im 18. und 19. Jh kamen zwei Drittel des Zinns und Kupfers der Welt aus Cornwall. Die Relikte dieser jahrtausendealten Industrie (das letzte Bergwerk schloss 1998) stehen bis heute in Form der abrissreifen Maschinenhäuser über die ganze Landschaft verstreut. Sie beherbergten die Dampfmaschinen, mit denen das Grundwasser aus den Bergwerken gepumpt und die Förderbänder und Fahrstühle betrieben wurden.

Zentrum der Bergbauaktivitäten waren die Städtchen **Redruth** und **Camborne**. Die Camborne School of Mines bildet bis heute Bergarbeiter aus. Das gesamt Gebiet von West Devon bis West Cornwall wurde im Jahr 2006 von der UNESCO zur »Cornish Mining World Heritage Site« (www.cornish-mining.org) erhoben, genießt also Welterbe-Status. Insgesamt gibt es 18 Besucherattraktionen, die sich mit dem Industrieerbe befassen.

In einem alten Maschinenhaus in East Pool (3 km westl. von Redruth) unterhält der National Trust ein **Industrial Discovery Centre**, in dem man nach einer filmischen Einführung alte Dampfmaschinen in Betrieb erleben kann. (Di–Sa 10.30 bis 17 Uhr, Eintritt £ 6.50, www.nationaltrust.org.uk/east-pool-mine, Parkplatz bei Morrisons Supermarkt).

Truro 9

Erst-klassig

Die Mündungsbucht des River Fal reicht hier weit ins Land hinein. Bei Flut kommt man mit dem Schiff bis nach Falmouth. Cornwalls Grafschaftshauptstadt wird dominiert von der **Kathedrale St. Mary the Virgin** im neogotischen Stil, die erst 1910 fertig wurde. Viele Straßenzüge muten mit ihren georgianischen Stadtvillen sehr klassisch an, v. a. Lemon Street und Walsingham Place. Die **Ops** (für *openings*) wiederum sind so schmal, dass man kaum hindurchpasst. Es gibt zwei Märkte und einen Park, Victoria Gardens.

Das **Royal Cornwall Museum** (25 River Street, TR1 2SJ; Mo–Sa 10 bis 16.45 Uhr; www.royalcornwallmuseum.org.uk) stellt die Geschichte der Region und ihre Künstler vor.

Info

Tourist Information Centre (TIC)
- Municipal Buildings
- Boscawen Street | TR1 2NE
- Tel. 01872-274 555
- www.enjoytruro.co.uk

Hotel

Mannings Hotel ●●–●●●
34 modern gestylte Zimmer in klassizistischem Townhouse. Die Brasserie wird gern von Einheimischen frequentiert.
- Lemon Street | TR1 2QB
- Tel. 01872-270 345
- www.manningshotels.co.uk

Restaurant

Tabb's ●●
Elegantes Restaurant in ehemaligem Pub mit wöchentlich wechselnder Karte.

- 85 Kenwyn St. | TR1 3BZ
- Tel. 01872-262 110
- www.tabbs.co.uk
- Di–Fr 12–14 Uhr,
  Dinner Di–Sa 18.30–21 Uhr.

Mevagissey 10

Das kleine Fischerdorf wirkt mit seinen alten Bootsschuppen, einem Labyrinth von Gässchen und den bunten Fischernetzen einfach zauberhaft. In einem 1745 als Werft für Schmugglerboote gebauten Schuppen findet sich ein **Museum**, das ohne viel Schnickschnack über die Menschen, deren Alltag und deren Arbeitsleben berichtet (Ostern bis Okt. 11–16, Juli/Aug. bis 17 Uhr, www.mevagisseymuseum.co.uk).

Wer schwimmen und schnorcheln möchte, sollte die Bucht von **Gorran Haven** aufsuchen.

Info

Tourist Information und Café
- Country Kitchen | St George's Square
- Mevagissey | PL26 6UB
- Tel. 01726-844 440
- www.mevagissey-cornwall.co.uk

Hotels

Honeycombe House ●●
Freundliche Kiefernausstattung, spektakulärer Blick über den Hafen, freundliche Gastgeber und ein tolles Frühstück.
- 61 Polkirt Hill | PL26 6UR
- Tel. 01726-843 750
- www.honeycombehouse.co.uk

Tremarne Hotel ●–●●
Die Deko des 2-Sterne-Hotels verbreitet Strandatmosphäre, das Restaurant ist

Verwunschene Atmosphäre in den Lost Gardens of Heligan

elegant, die Küche exzellent, und der Blick auf Mevagissey tut ein Übriges.
- Polkirt | Mevagissey | PL26 6UY
- Tel. 01726-842 213
- www.tremarne-hotel.co.uk

Restaurants

Salamander Restaurant ●●
Das winzige Restaurant serviert Fisch aus dem Dorf und Fleisch von den umliegenden Farmen zu fairen Preisen.
- 4–6 Tregoney Hill | PL26 6RD
- Tel. 01726-842 254
- www.salamander-restaurant.co.uk

The Fountain Inn ●
Ältestes Pub vor Ort (aus dem 15. Jh) und das erste, das die St Austell Brewery im 19. Jh. gekauft hat. Schmuggleratmosphäre und gutes Essen, auch Zimmer (Bed & Breakfast).
- Cliff St.
- Tel. 01726-842 320
- www.mevagissey.net/fountain.htm

**Lost Gardens of Heligan

Brennesseln, Brombeerbüsche und Efeu überwucherten das 400 ha große Gelände, als Tim Smit es 1990 erstmals betrat. 70 Jahre Dornröschenschlaf waren damit vorüber, die Restauration begann mit Hilfe vieler Experten. Heute sind die verlorenen Gärten von Heligan in den Hügeln über Mevagissey eine der meistbesuchten und schönsten Gartenanlagen Cornwalls. Dieser Gartenkosmos um ein schlichtes Landgut herum besteht aus Nutzgärten, in denen sogar Ananas mit Hilfe von Pferdemist gedeihen, Ziergärten, einer exotischen Dschungelschlucht und einer noch in Arbeit befindlichen verlorenen Schlucht. Alles ist so hergerichtet, wie es auch im 19. Jh. von 22 Gärtnern bewirtschaftet wurde, nur sind hier heute 57 Angestellte mit 40 Teilzeitkräften am Werk.

Info

- Pentewan | St Austell | PL26 6EN
- April–Sept. 10–18 Uhr sonst bis 17 Uhr, letzter Einlass 1,5 Std. vorher
- Eintritt £ 10
- www.heligan.com/deutsch

Eden Project 11

Nordöstlich der vom Kaolinbergbau geprägten Industriestadt St Austell erheben sich zwei gigantische Kunststoffblasen: Die Gewächshäuser – u. a. das mit einer Höhe von 50 m größte Gewächshaus der Welt – bedecken eine Fläche von 50 Fußballfeldern. Besucher können in den Kuppelbauten durch eine tropische Zone samt Regenwald sowie eine mediterrane Zone streifen und im Außenbereich die heimische Pflanzenwelt studieren. Schautafeln erläutern, wie wir Menschen diese Pflanzen aus aller Welt in unserem Alltag nutzen: sie essen, uns mit ihnen kleiden, uns mit ihnen heilen, mit ihnen bauen oder aus ihnen Werkstoffe oder Parfums schaffen. »Eden« steht für das Paradies – aber auch für die Vertreibung daraus. So will das Projekt unser Umweltbewusstsein schärfen.

Info

- April–Okt. tgl. 9.30–18, Nov.–März 10–16.00 Uhr
- Eintritt £ 23,50, beim Kauf online oder bei Anreise mit Bus bzw. Bahn billiger
- www.edenproject.com

Fowey 12

Die Schriftstellerin Daphne du Maurier (»Die Vögel«, »Rebecca«) liebte das romantische Fischerdorf, wo sie von den 1930er-Jahren bis zu ihrem Tod 1989 lebte. Für Kenneth Grahame war der Fowey River die Inspiration für sein berühmtestes Werk, den Kinderbuchklassiker »Der Wind in den Weiden«.

Weiße Segelboote dümpeln in der Bucht, wo früher Piratenschiffe ankerten. Der kleine Hafen mit seinen bunten Cottages und Pubs an der Mündung des Flusses verbreitet Ferienstimmung. Von Fowey legt am Whitehouse Quay eine Passagierfähre nach Mevagissey ab, baden kann man am Readymoney Cove mit Sandstrand.

Info

Tourist Information
- Daphne du Maurier Literary Centre
- 5 South Street
- Fowey | PL23 1 AR
- Tel. 01726-833 616
- www.fowey.co.uk

Hotels

The King of Prussia ●●
Beliebtes Pub aus dem 17. Jh., dem der Schmuggelbaron John Carter (Spitzname »King of Prussia«) den Namen gab. 6 modern renovierte Zimmer mit Blick über den Hafen.
- Town Quay | PL23 1AT
- Tel. 01726-833 694

The Galleon Inn ●●
Sieben gepflegte Zimmer, zwei mit Blick auf den Fluss, über einer beliebten Knei-

pe mit vielen Einheimischen und Livemusik.
- 12 Fore St. | PL23 1AQ
- Tel. 01726-833 014
- www.galleon-inn.com

Restaurants

The Other Place ●●
Ausgezeichnetes Fischrestaurant mit Blick über den Fluss.
- 41 Fore Street
- PL23 1EH
- Tel. 01726-833 636
- Tgl. ab 17.30 Uhr, in der Nebensaison nur Do–Sa.

Sams Bistro & Lounge ●●
Junger und witziger Laden, dekoriert im Stil der 60er Jahre mit 15 verschiedenen Burgern zur Auswahl, drei davon Fischburger. Entspannte Cocktail-Lounge im ersten Stock.

- 20 Fore Street | PL23 1AQ
- Tel. 01726-832 273
- www.samsfowey.co.uk

Newquay 13

Surf City UK! Der profane Ort in atemberaubender Lage (20 000 Einw.) wird im Sommer unglaublich voll, und die Stadtverwaltung sah sich in den letzten Jahren gezwungen, den Ortskern zur alkoholfreien Zone zu erklären. Nirgendwo an dieser Küste versammelt sich so viel Jugend – für Leute mit Durchhaltevermögen der Urlaubsort schlechthin!

Einige Meilen entlang der Küstenstraße Richtung Padstow steuern Urlauber gerne die Felsformation der **Bedruthan Steps** an. Bei Ebbe wird dort ein traumhafter Strand

Zwischen den Felsen der Bedruthan Steps liegt ein wunderbarer Sandstrand

Der Strand an der Constantine Bay zählt zu
den schönsten der cornischen Nordküste

freigelegt (Vorsicht vor der Strömung, nur bei abnehmender Flut
hier baden!), und im **Carnewas Tea
Room** (●) des National Trust (11 bis
16 Uhr, www.nationaltrust.org.
uk/carnewas-and-bedruthan-steps)
stärkt es sich bestens.

Info

Tourist Information Centre (TIC)
- Marcus Hill | Newquay | TR7 1BD
- Tel. 01637-854 020
- www.visitnewquay.org

Hotels

The Harbour Hotel ●●●
Kleinod am historischen Hafen, die
Zimmer sind klein, haben aber Balkon
und Seeblick.
- North Quay Hill | TR7 1HF
- Tel. 01637-873 040
- www.harbourhotel.co.uk

Glendorgal Hotel ●●—●●●
Atemberaubende Ausblicke vom
Restaurant auf die Bucht von Porth,
gepaart mit einem Wellnessbereich,
verleihen der 3-Sterne-Unterkunft das
passende Flair. Modern und komfortabel, auch Apartments.
- Lusty Glaze Road
- Porth, nahe Newquay | TR7 3AD
- Tel. 01637-859 981
- www.glendorgalhotel.co.uk

Erst-
klas

Restaurants

New Harbour Restaurant ●●—●●●
Qualitätvolle Fischgerichte, serviert in
einem alten Bootshaus.
- South Quay Hill
- Tel. 01637-874 062
- www.finns2go.com

Fifteen ●●—●●●
Eines der Ausbildungsrestaurants des
Starkochs Jamie Oliver in der Nachbar-
bucht von Newquay. Frühstück, Lunch
und 6-Gänge-Dinner.
- On the Beach
- Watergate Bay | TR8 4AA
- Tel. 01637-861 000
- www.fifteencornwall.co.uk

✶✶Padstow 🔟

Am Kai von Padstow, einem gepflegten Fischerdorf an der Mündung des Flusses Camel, werden
Bootsfahrten aufs Meer zum
Makrelen- und Haiangeln angeboten, und in den Läden soll es die
beste Cornish Pasty der ganzen
Grafschaft geben. Kulinarisch wird
der Ort von Rick Stein dominiert,
einem Fernsehkoch, der hier ein
Gastro-Imperium aufgebaut hat.

In **Prideaux Place,** einem Landsitz aus dem 16. Jh., den die Familie Prideaux-Brunes seit 14 Generationen bewohnt, wurden schon viele Rosamunde-Pilcher-Filme gedreht (Ostern und Mitte Mai–Anf. Okt. So–Do Führungen 13.30–16, Tearoom ab 12.30 Uhr; www.prideaux place.co.uk).

Den Fluss und eine stillgelegte Bahntrasse entlang führt ein ebener Fahrrad- und Wanderweg, der **Camel Trail,** knappe 28 km bis nach Wenford Bridge. Man kann auch mit einer Fähre übersetzen ans andere Ufer in den reichsten Ort Cornwalls, **Rock** (www.rockincorn wall.co.uk), der sich als Englands St-Tropez vermarktet.

Restaurants

TV-Starkoch Rick Stein und seine Ex-Frau Jill betreiben ein beeindruckendes Aufgebot an gastronomischen Highlights: **Rick Stein's Café** (●), Middle St., **St. Petroc's Hotel** (●●), 4 New St., **The Seafood Restaurant** (●●●), Riverside, **St. Edmund's House B&B** (●●●) hinter dem Restaurant, und inzwischen sogar **Stein's Fish and Chips** (●) am South Quay. Alle servieren beste Fischgerichte (Tel. 01841-532 700; www.rickstein.com).

Outlaw's Seafood & Grill ●●●

2 Michelinsterne hat Nathan Outlaws Küche im Restaurant erhalten, hier im Seafood Grill geht es genauso gut, aber entspannter und preiswerter zu.

- ▪ St Enodoc Hotel
- ▪ Rock Road | Rock PL27 6LA
- ▪ Tel. 01208-862 737
- ▪ www.outlaws.co.uk/restaurants/rock

*Constantine Bay

Mit hinreißend schöner Landschaft bezaubert die Küste wenige Kilometer südlich von Padstow bei Constantine Bay mit Blick auf die Landzunge von Trevose Head. Der Strand in der Bucht gehört zu den attraktivsten und saubersten der Gegend. Ein bekannt schöner 18-Loch-Golfplatz an der Bay ist der Trevose Golf and Country Club (Tel. 01841–520 208; www.trevose-gc.co.uk; auch Apartments und Lodges, ●●–●●●).

Hotel

Treglos Hotel ●●●
Altmodisch gediegen und komfortabel. Wellnesseinrichtung, Pool.
- ▪ Constantine Bay | PL28 8JH
- ▪ Tel. 01841-520 727
- ▪ www.tregloshotel.com

*Port Isaac 15

Schmale Gassen winden sich steile Hänge hinab ins alte Zentrum dieses bezaubernden Fischerdorfs, das aus weißgewaschenen Cottages des 18. und 19. Jhs. besteht. Im Ort gibt es keine Parkmöglichkeiten, also das Auto besser oberhalb stehen lassen.

Restaurant

The Mote ●●
Fischrestaurant im ältesten Pub des Dorfes aus dem 16. Jh direkt am Hafen. Hummer und Muscheln sind die Renner.
- ▪ 9 Fore Street | PL29 3RB
- ▪ Tel. 0120-8880 226
- ▪ www.the-mote-in-port-isaac.co.uk

*Tintagel 16

Eindrucksvoll erhebt sich die **Burgruine** von Tintagel über dem Meer. Sie wurde im 12. Jh. von Richard, Earl of Cornwall und Bruder König Heinrichs III., erbaut. Bei Ausgrabungen hat man Töpferwaren aus dem 5. und 6. Jh. gefunden, die belegen, dass die Landzunge schon damals besiedelt war – Wasser auf die Mühlen aller Mystiker, für die Tintagel der Geburtsort von Artus ist. Um den sagenhaften König der Tafelrunde dreht sich auch der ganze Rummel der Souvenirläden, Teashops und Eisstände (April bis Sept. tgl. 10–18, Okt. 10–17, Nov. bis März nur am Wochenende 10 bis 16 Uhr).

Im Dorf steht das **Old Post Office** genannte Gebäude (14. Jh.), doch es wurde erst im 19. Jh. zeitweise als Postamt genutzt. Heute gehört es dem National Trust, der es restauriert hat (April–Sept. tgl. 10.30 bis 17.30, sonst 11–16 Uhr).

Hotels

The Avalon Guest House ●●

7 Zimmer (4 mit Seeblick) in viktorianischer Villa mit schönem Garten, neu möbliert und sehr gepflegt.
- Atlantic Road | PL34 0DD
- Tel. 01840-770 116
  oder Mobil 07922–038 785
- www.tintagelbedbreakfast.co.uk

The Millhouse Inn ●●–●●●

9 elegante Zimmer in einer Mühle aus dem 18. Jh. Restaurant über dem Bach, rustikale Bar. An vielen Abenden auch Livemusik. Zum Strand geht man etwa 800 m.
- Trebarwith | PL34 0HD
- 13 km südlich von Tintagel
- Tel. 01840-770 200
- www.themillhouseinn.co.uk

SEITENBLICK

König Artus

Nach dem Abzug der Römer wehrten sich im 5./6. Jh. n. Chr. die britischen Stämme keltischen Ursprungs im Südwesten verzweifelt gegen die eindringenden Angeln und Sachsen. Um diese Zeit bauten die Briten die Festung von South Cadbury zu einem riesigen Heerlager aus, was auf die Existenz eines starken, einigenden Anführers schließen lässt. Mehrere Siege wurden errungen, und einer der keltischen Stammesfürsten, der mit diesen Ereignissen in Zusammenhang gebracht wird, hieß möglicherweise Arthur oder Artus.

Das ist eigentlich auch schon alles. Viel mehr wissen wir nicht über »König Artus« – und doch ist er zur Hauptfigur eines zentralen Mythos des europäischen Kulturkreises geworden, gefeiert und in vielen Geschichten ausgeschmückt von walisischen, englischen, französischen und deutschen Erzählern. Wer Südengland bereist, kommt an Artus kaum vorbei: Ob in Glastonbury oder Cadbury Castle, in Tintagel oder im Bodmin Moor, überall wird man mit einer modifizierten Version der Legende konfrontiert, die dem jeweiligen Ort natürlich immer die größte Bedeutung beimisst.

*Boscastle 17

Eine der schönsten Aussichten Cornwalls eröffnet sich dem Naturliebhaber von der weiß getünchten Küstenwache auf der Klippe hoch über dem kleinen Naturhafen von Boscastle.

Der Ort, der 2004 von einer Flutkatastrophe heimgesucht wurde, liegt in einem schmalen Tal am Zusammenfluss dreier Bäche.

Neben hübschen Tea Rooms und Pubs ist seit fast 50 Jahren die Touristenattraktion hier das **Museum of Witchcraft**, das inzwischen größte Hexenmuseum Europas (April bis Okt. Mo–Sa 10.30–18 Uhr, So ab 11.30 Uhr, Eintritt £5; www. museumofwitchcraft.com).

Bodmin 18 und Umgebung

Bodmin, dessen Name im Kornischen so viel heißt wie »Wohnstatt der Mönche«, ist keine echte Schönheit. Der Marktflecken soll der Legende nach vom hl. Petroc gegründet worden sein, dessen Schrein das Städtchen im 11. Jh. zu einem Wallfahrtsort machte. Aus dem Kloster, das in der Reformation zerstört wurde, ist Lanydrock House geworden (siehe rechts). Wer sich gerne gruselt, kann die sechs Ausstellungsetagen, die Kerker und Hinrichtungsstätten des **Bodmin Jail** besuchen (10 Uhr bis Sonnenuntergang; Eintritt £ 6.50; www.bodminjail. org) oder dort auf einen nächtlichen **Ghost Walk** gehen.

Lanhydrock House mit Garten

Wesentlich idyllischer als die Ruine des alten Gefängnisses ist eine Fahrt mit der **Bodmin & Wenford Railway,** die 13 Meilen durch die Landschaft dampft (www.bodmin railway.co.uk)

**Lanhydrock House

Der wunderschöne spätviktorianische Landsitz mit Bauteilen aus dem 17. Jh., einst Teil des Klosters St. Petroc's Priory, liegt in 180 ha Parkland, das sich bis zum River Fowey erstreckt. Beeindruckend ist schon die Zahl der zu besichtigenden 51 Räume, die genau so verblieben sind, als käme die Familie eben gleich von einem Londonaufenthalt zurück. Man durchläuft dabei nicht nur die herrschaftlichen Zimmer, sondern auch die Dienstbotenquartiere und den wunderbaren Küchentrakt und kann sich so ein detailgetreues Bild vom Leben beider Klassen in solch einem Herrensitz machen. In den formalen Gärten neben und oberhalb des Hauses blühen über hundert Magnolienarten. (April–Sept. Di–So 11 bis 17.30 Uhr, sonst bis 17 Uhr; Eintritt £ 10,40). Hier bietet der National Trust auch Unterkunft an › S. 140.

Pencarrow House

Allein die 1,5 km lange Zufahrt durch einen 20 ha großen Landschaftspark voller uralter Koniferen, exotischer Nadelbäume und mehr als 700 Rhododendronarten lohnt den Besuch des klassizistischen Landsitzes. Das Herrenhaus wird seit fast 500 Jahren von der Familie Molesworth-St Aubyn bewohnt, die elf ihrer leicht abgewohnten Räume für Besucher geöffnet haben. Auch das Pilcher-Team vom ZDF war schon hier (»Klippen der Liebe«, »Eine Frage der Ehre«). April–Sept. So–Do 11.15–15 Uhr, Besichtigung nur mit Führung. Gärten März bis Okt. tgl. 10–17.30 Uhr; www. pencarrow.co.uk.

Bodmin Moor

Oft als Dartmoor im Miniaturformat bezeichnet, handelt es sich beim Bodmin Moor ebenfalls um eine Hochebene aus Granit, aus der sich abstrakten Skulpturen ähnelnde *Tors* (Granithügel) und bizarre Felstürme in der Heidelandschaft erheben.

Über Bodmin Moor erzählt man sich gerne Geschichten von übernatürlichen Ereignissen. Die berühmteste handelt von dem Frauenarm, der im **Dozmary Pool** südlich von Bolventor aus dem Wasser aufgetaucht sein soll, um Artus' Schwert Excalibur entgegenzunehmen. In den 1950er-Jahren beschrieben Einheimische ein grünes Geisterauto als Oldtimer mit Öllampen, in dem vier angeheiterte junge Männer übers Moor fuhren. Zudem wurden im Bodmin Moor ebenso wie im Exmoor geheimnisvolle Großkatzen gesichtet, die Schafe gerissen haben sollen – 1993 fiel ein solches Tier angeblich sogar eine Frau an, die mit ihrem Hund spazieren ging.

Mitten auf dem Moor bei Bolventor spielt im **Jamaica Inn** Daphne du Mauriers gleichnamige Schmugglergeschichte. An das Pub grenzt **Daphne du Maurier's Smugglers Museum** (10–17 Uhr, im Aug. bis 18 Uhr, Nov–März geschl.; www. jamaicainn.co.uk/museum).

Plymouth [19]

Mit ca. 260 000 Einwohnern ist Plymouth der größte Ballungsraum an Englands Südwestküste. Die Innenstadt wurde im Zweiten Weltkrieg weitgehend zerstört. Die geometrisch ausgerichteten Straßenzüge zwischen Mayflower Street und Royal Parade entlang des Armada Way basieren auf einem Gesamtplan von Sir Patrick Abercrombie aus der Nachkriegszeit. Etwas vom Beton der 1960er-Jahre ersetzt inzwischen die schmucke, aber recht kleine Shoppingmall **Drake Circus** (www.drakecircus.com).

Das Stadtbild prägen nach wie vor die Angehörigen und Einrichtungen der Royal Navy, und natürlich legt Plymouth besonderen Wert auf seine stolze Seefahrtgeschichte.

Die Royal Citadel überblickt den Hafen von Plymouth

Ausgerechnet New Street heißt eine der wenigen übrig gebliebenen Altstadtstraßen, an der das **Elizabethan House** aus dem 16. Jh. besichtigt werden kann (April–Sept. Di–Sa 10–12 und 13–17 Uhr).

Unweit davon widmet sich in der St. Andrews Street (Nr. 33) das **Merchant's House Museum** (16./17. Jh.) der Stadtgeschichte (April–Sept. Di bis Sa 10–12 und 13–17 Uhr).

The Hoe heißt eine Parkanlage mit Promenade auf dem Landvorsprung zwischen den Hafenbecken. Hier ehrt eine Statue Francis Drake, und ein Denkmal erinnert an die von ihm besiegte spanische Armada.

Der Leuchtturm **Smeaton's Tower** bietet einen schönen Blick über die Stadt (April–Sept. Di–Fr 10–12 und 13–16.30 Uhr, Sa nur bis 16 Uhr).

Gleich nebenan erhebt sich die um 1670 erbaute Hafenfestung **Royal Citadel.** Die **Mayflower Steps,** die Treppe, von der die Pilgerväter 1620 ihr Schiff bestiegen, um nach Amerika zu segeln, sind heute ein Denkmal etwas östlich der Zitadelle.

Im **National Marine Aquarium** gegenüber kann man unter anderem Tigerhaie, ein tropisches Korallenriff und Seepferdchen bewundern (Rope Walk, Coxside, PL4 0DX, April–Sept. 10–18 Uhr, sonst bis 17 Uhr; Eintritt £ 12,75, Familien £ 37; www.national-aquarium.co.uk).

Info

Tourist Information Centre (TIC)
▪ Plymouth Mayflower
▪ 3–5 The Barbican
   (nahe Royal Citadel) | PL1 2TR
▪ Tel. 01752-306 330
▪ www.visitplymouth.co.uk

Hotels

The Grosvenor Hotel ●●

Modernisiertes Hotel mit Bar und 28 guten Zimmern gleich an The Hoe.

- 7–9 Elliott Street | The Hoe | PL1 2PP
- Tel. 01752-260 411
- www.grosvenor-plymouth.com

Athenaeum Lodge ●

Eine anspruchsvoll geführte Pension von besonderem Reiz inmitten der zahllosen B & Bs an The Hoe.

- 4 Athenaeum St. | The Hoe | PL1 2RQ
- Tel./Fax 01752-665 005
- www.athenaeumlodge.com

Restaurant

Platters ●●

Legendäres Fischrestaurant am Hafen. Die schlichte Ausstattung täuscht, der Fang vom Tage wird frisch serviert.

- 12 The Barbican | PL1 2LS
  Tel. 01752-227 262
- www.platters-restaurant.co.uk

Tanners Restaurant ●●

In dem alten Kaufmannshaus aus dem 15. Jh stimmt die Atmosphäre und das Essen.

- Prysten House | Finewell St. | PL1 2AE
- Tel. 01752-252 001
- www.platters-restaurant.co.uk
- So, Mo Ruhetag

Nightlife

The Treasury Bar and Restaurant

Edle Cocktailbar und Restaurant im alten Schatzamt, am Wochenende mit DJs und Tanzfläche, Do Jazz.

- Catherine Street
- Royal Parade | PL1 2AD
- Tel. 01752-672 121
- www.thetreasurybar.co.uk

Ausflüge ab Plymouth

Rame Peninsula [20]

Auf der Westseite des Tamar River, der die Grenze zwischen den Grafschaften Devon und Cornwall markiert, liegt Cornwalls »forgotten corner«: eine Landschaft aus elf Meilen Küste mit weißen Sandstränden (z. B. Whitsand Bay) und verschwiegenen Buchten, in die sich kleine Dörfer ducken, umgeben von fruchtbarem Farmland und weiten Parkanlagen. Sie ist als Gebiet besonderer Schönheit naturgeschützt.

Setzt man mit der Fähre über, kommt man drei Meilen westlich von Torpoint unweigerlich am **Antony House** vorbei. Daphne du Mauriers Roman »Meine Cousine Rachel« soll eine Beschreibung der Hausherrin Rachel Carew gewesen sein, deren Vorfahren das Haus 1711 bauen ließen und deren Nachkommen immer noch hier leben. Nicht nur für Rosamunde Pilcher ist hier gedreht worden, auch Szenen für Walt Disney's »Alice im Wunderland« sind hier entstanden. Sehenswert ist auch der elisabethanische Knotengarten. (April–Okt. So–Do 13–17 Uhr, Eintritt £ 8,30; www.nationaltrust.org.uk/antony/)

Der Zipfel der Halbinsel, **Rame Head**, schützt den Plymouth Sound vor den bitteren Weststürmen und wird von den Überresten der St Michael's Chapel bewacht.

Von **Kingsand**, dem autofreien und ebenso malerischen kleineren Zwillingsort von **Cawsand**, führt ein teilweise asphaltierter Küstenpfad dorthin.

Viele Touristen kommen auch für einen Besuch des Herrenhauses **Mount Edgcumbe** hierher, dass zu Zeiten Queen Elizabeths I. erbaut, aber im Zweiten Weltkrieg schwer beschädigt wurde. Bereits mehrfach diente der Wiederaufbau als Drehort für Rosamunde-Pilcher-Verfilmungen.

Blumenfreunde finden hinter dem Haus die nationale Kameliensammlung und im ausgedehnten Landschaftspark zu seinen Füßen auch eine bezaubernde Gartenanlage, die kostenfrei zu besuchen ist.

Kingsand auf der Rame Peninsula

SEITENBLICK

Rosamunde Pilcher

Seit mehr als 20 Jahren verfilmt das ZDF an Originalschauplätzen in Südengland die Romane und Kurzgeschichten von Rosamunde Pilcher. Die Autorin wurde 1924 im Nachbarort von St Ives, Lelant, als Rosamunde Scott geboren, zog aber nach dem Kriege mit ihrem schottischen Ehemann Graham Pilcher auf ein Anwesen nahe Aberdeen. Ihr eher konservativer Lebensstil brachte vier Kinder, kreative Spaziergänge mit ihren Hunden und – wenn der Mann jagen und golfen war – viel Zeit zum Schreiben hervor. Seit 1993 Sophie von Kessel erstmals in »Stürmische Begegnungen« ihrem Traummann an der Klippe von Lands End in die Arme sank, sind mehr als 100 Adaptionen vergangen. Gedreht wurde viel in der Natur, wo vor allem die Damen aus gutem Hause die schönsten Küstenabschnitte, Strände und Felsformationen entlang radeln, wandern oder joggen, aber auch an vielen markanten Sehenswürdigkeiten – nicht nur in Cornwall. Das Fernsehteam war auch schon in Brighton in Sussex, wo 2002 am Pier Aufnahmen für »Wenn nur noch Liebe zählt« entstanden, oder in Stonehenge und der Kathedrale von Salisbury, wo Marian Simmons um »Die Liebe ihres Lebens« kämpfte. Besonders schön sind die Aufnahmen in den Dutzenden von Herrenhäusern wie Longleat, Antony House, Mount Edgcumbe, Pencarrow, Lanhydrock House oder Bonython Manor, in denen die Mütter der Liebenden Intrigen spinnen und die Verlassenen sich ihren Kummer von der Seele weinen. Der am häufigsten genutzte Landsitz ist mit Abstand Prideaux Place in Padstow › S. 67, dessen Hausherr Peter Prideaux-Brune und seine Frau Elisabeth nicht nur mit den Filmemachern eng befreundet sind, auch die Autorin selbst zählte inzwischen zu den Gästen. Weitere Details zu den Filmen und Drehorten finden Sie unter www.rosamunde-pilcher.blogspot.co.uk/p/drehorte.html

Verkehr

Ab Devonport mit der **Torpoint-Auto-fähre** (www.tamarcrossings.org.uk) oder ab Stonehouse (Admirals Hard) mit der **Cremyll-Passagierfähre** (www.cremyll-ferry.co.uk; Fußweg zum Mount Edgcumbe House).
Im Sommer verkehrt eine Passagierfähre von Plymouth Barbican nach **Cawsand** (www.cawsandferry.co.uk).

Restaurant

Devonport Inn ●●

Erst-klassig Stilvolles Pub am Wasser, in dem handgebackene Cornish Pasties, Meeresfrüchte, Muscheln und Exe-Austern kaum Wünsche offen lassen.
◾ The Cleave | PL10 1NF
◾ Tel. 01752-822 869
◾ www.devonportinn.com

Pub

The View ●●
Zurückhaltend chic präsentiert Chefkoch und Besitzer Matt Corner sowohl Einrichtung als auch die Speisen. Einfach, aber zeitgemäß und mit einem Blick »to die for«, hoch oben auf den Klippen über die See und Whitsand Bay. **Erst-klassig**
◾ Trenninow Cliff Road
◾ Torpoint | PL10 1JY
◾ Tel. 01752-822 345
◾ www.theview-restaurant.co.uk

Looe und *Polperro

Zwei der traditionsreichsten und bezauberndsten Fischerorte liegen rund 45 Autominuten westlich von Plymouth an der Küste.

Looe 21, das der gleichnamige Fluss in zwei Hälften teilt, hat eine hübsche Altstadt mit engen Gassen und mittelalterlichen Häusern. Am Kai hat eine überschaubare Fischfangflotte festgemacht, in den Docks herrscht vormittags das bunte Treiben eines kleinen Fischmarktes. Verschiedene Veranstalter bieten Ausflüge zum Hochseefischen, als besonderer Nervenkitzel kann man Haie angeln. Am Banjo Pier gibt es einen Sandstrand, wo gebadet wird, und vor der Flussmündung liegt ein Vogelschutzgebiet, **St George's Island**, zu der im Sommer Fähren übersetzen.

Polperro 22 liegt wenige Meilen weiter am Ende eines engen, langen Tals, das sich durch die Klippen zwängt. Besucher parken außerhalb und spazieren rund 800 m die autofreie Straße an Souvenirläden, Schmugglercottages und Pubs vorbei. In einer alten Fischfabrik gibt das Schmuggelmuseum Einblick in die Geschichte des bildschönen Dorfs. Wer als Andenken cornische Trolle erstehen möchte, hat im

Im Hafen von Polperro

Piskiehaus eine riesige Auswahl. Abends gibt es oft Livemusik im Pub Blue Peter Inn am Quay (www.thebluepeterinn.co.uk).

*Saltram House 23

Dieser Landsitz etwas östlich von Plymouth bei Plympton stammt aus der Tudorzeit und wurde um 1740 ganz im klassizistischen Stil umgestaltet. Er galt seinerzeit als eines der prachtvollsten Häuser des Königreichs und untersteht heute dem National Trust. Ganz in der Nähe wurde Joshua Reynolds geboren; 14 seiner Gemälde hängen in Saltram House. Zwei der Repräsentationsräume gestaltete Robert Adam (Mitte März–Okt. Sa–Do 12–16.30 Uhr; Galerie und Gärten tgl. 11–16.30 Uhr; Eintritt £ 9,70; www.nationaltrust.org.uk/saltram).

*Cotehele House 24

Diese intime Tudor Mansion mit gepflegten Gärten ist wie eine Zeitkapsel. Sie war fast 600 Jahre lang im Besitz der Familie Edgcumbe, wurde aber nach dem Bau des gleichnamigen Landsitzes › S. 73 nur noch selten bewohnt und blieb somit fast unverändert. Es ist für seine ungewöhnlich große Sammlung an Brüsseler und Antwerpener Tapisserien bekannt. Am Ufer des Tamar werden die Barkasse Shamrock und die Wassermühle von Cotehele Quay vom National Maritime Museum betrieben. (St Dominick nahe Saltash, PL12 6TA, Mitte März–Okt. Sa–Do 11–16 Uhr, Gärten bis Sonnenuntergang, Eintritt £ 5.40; www.nationaltrust.org.uk/cotehele).

**Dartmoor 25

Die 953 km² des Nationalparks umfassen heute das am dünnsten besiedelte Gebiet Englands. Nur hier gibt es noch Anhöhen, von denen man rundum keine einzige menschliche Behausung zu sehen bekommt. Menschenleer ist es hier jedoch nie gewesen. Das Dartmoor muss in vorgeschichtlicher Zeit sogar geradezu ein Ballungsraum gewesen sein. Kaum irgendwo sonst findet man so viele prähistorische Relikte: **Grimspound** im Nordosten ist die wohl besterhaltene bronzezeitliche Siedlung Englands mit 24 kreisförmigen Hüttenfundamenten innerhalb eines Walls (und einigen Rekonstruktionen).

Derartig markante Schauplätze lassen sich in Sir Arthur Conan Doyles Sherlock-Holmes-Roman »Der Hund von Baskerville« problemlos identifizieren. Die Hochebene mit ihren weiten Heideflächen und Baumbeständen an den tief in den Granit eingeschnittenen Bachbetten und imposanten Wasserfällen (Becky Falls oder The White Lady) ist von zahllosen Schafen und mehreren Ponyherden bevölkert, die futtergenügsam und wetterunempfindlich das Moor vor der Verbuschung retten.

VORSICHT: Es wird darum gebeten, die Ponys nicht zu füttern, damit sie den Straßen möglichst fernbleiben. Den Schafen ist das allerdings nicht beizubringen. Autofahrer sollten daher stets auf Schafe auf der Fahrbahn gefasst sein.

Wenn man von Osten kommt, ist **Moretonhampstead** das Tor zum Dartmoor. Der Marktflecken lag einst auf der Packeselroute zwischen Exeter und Plymouth. Durchquert man das Moor nach Westen, erreicht man **Tavistock**, einen Marktflecken mit einem uralten Panniermarkt, der als Geburtsort von Sir Francis Drake mit der Originalstatue des Abenteurers aufwarten kann. Dieser lebte auch nicht weit von hier in einer umgebauten Abtei, **Buckland Abbey** › unten.

Auf dem Weg dorthin kommt man durch **Princetown**, wo das berühmte Hochsicherheitsgefängnis zum Gruseln animiert. Mitten im Moor sollte man in **Postbridge** halten, wo die rund 800 Jahre alte, aus Granitplatten *(Clappers)* gebaute Clapper Bridge, die besterhaltene Brücke des Dartmoors, ein beliebtes Fotomotiv darstellt.

Erst-klassig

Den Charme vergangener Zeiten spürt man auch in **Widecombe in the Moor** auf der Wegstrecke von Tavistock nach Torquay. Die Kirche St Pancras aus dem 14. Jh. ist dank ihres 37 m hohen Turms und großen Innenraums zu Recht als »Kathedrale des Moores« bekannt. Die Decke ziert das Emblem der Zinnbergwerker, ein Ring aus drei Hasen. Im Herbst wird hier eine beliebte Kirmes abgehalten, die auch ein weithin bekanntes Lied produziert hat: »Uncle Tom Cobley«. Zur Einkehr laden zwei schöne Pubs und einige Tea Shops.

Ein Stück weiter östlich lohnt sich ein Halt, um den Granitfelsen des **Haytor** (457 m ü. d. M.) zu er-klimmen und den Ausblick zu genießen. Das Haytor war u. a. Drehort für »Die Ritter der Tafelrunde« mit Robert Taylor und Ava Gardner.

Auf der Strecke von Tavistock nach Okehampton lohnt ein Besuch der **Lydford Gorge**, wo sich das Flüsschen Lyd tief ins Gestein gefressen hat und ein wildromantischer Weg durch die Schlucht zum Wasserfall und dem Teufelskessel (Devil's Cauldron) führt.

Info

High Moorland Visitor Centre
Kleine Ausstellung zu Sir Arthur Conan Doyles Schauerroman »Der Hund von Baskerville«.
- Old Duchy Hotel | Tavistock Road
- Princetown | PL20 6QF
- Tel. 01822-890 414
- www.discoverdartmoor.co.uk
- www.dartmoor-npa.gov.uk
- Tgl. 10–17 Uhr, im Winter bis 16 Uhr.

Hotel

The Old Inn Pub und Restaurant ●●
Modernisiertes Traditionspub mit Garten und Aussicht.
- Widecombe in the Moor | TQ13 7TA
- Tel. 01364-621 207
- oldinnwidecombeinthemoor.co.uk

Buckland Abbey 26

Das Anwesen am südlichen Rand des Dartmoors war ab 1581 der Landsitz von Francis Drake. Drake hatte das Gebäude mit den Reichtümern erworben, die ihm seine Weltumsegelung 1577–1580 auf der Galeone »Golden Hind« (ihr Nachbau ankert im Hafen von Brixham

Die Clapper Bridge im Dartmoor

› S. 80) eingebracht hatte. Die ältesten Teile des Baus gehen zurück auf eine Zisterzienserabtei (13. Jh.), aber die meisten Besucher interessieren sich mehr für die Memorabilien des berühmten Seefahrers.

Info

▪ Yelverton | PL20 6EY
▪ Mitte Feb.–Okt. tgl. 11.30–16.30, sonst Fr–So 12–16 Uhr
▪ Eintritt £ 8.55
▪ www.nationaltrust.org.uk/ buckland-abbey

*Castle Drogo 27

Am nördlichen Rand des Darmoors steht die jüngste Burg des Landes. Castle Drogo wurde 1910–1939 von Sir Edwin Lutyens für den Einzelhandelsmagnaten Julius Drewe erbaut, der so erfolgreich mit indischem Tee spekulierte, dass er sich mit Mitte 30 zur Ruhe setzen und dem Angeln, Golfen und Müßiggang widmen konnte. Der massive Granitklotz war allerdings erst kurz vor seinem Tode fertig und wirkt mit seinen angedeuteten Zinnen fast ein wenig lächerlich. Die Innenräume sind hingegen eine freudige Überraschung und sehr wohnlich: Wände aus grob behauenem Granit wechseln sich mit exquisiter Holzvertäfelung ab.

Info

▪ Drewsteignton | EX6 6PB
▪ Mitte März–Okt. tgl. 11–17, Nov. bis Mitte Dez. Sa/So 11–16 Uhr, Garten ganzjährig tgl. geöffnet
▪ Eintritt £ 8,70
▪ www.nationaltrust.org.uk/ castle-drogo

Buckfast Abbey 28

Nur vier, selten einmal sechs Mönche haben diese Benediktinerabtei innerhalb von nur 30 Jahren im romanischen und neugotischen Stil gebaut – vielmehr wieder aufgebaut. Fertig war das Gotteshaus, das bis heute ein aktives und sich selbst versorgendes Kloster ist, im Jahr 1937, seine wechselvolle Geschichte umspannt jedoch etwa 1000 Jahre.

Während der Reformation wurde Buckfast Abbey wie die anderen Klöster dem Erdboden gleichgemacht. Eine Schar französischer Mönche kaufte dann die Ruine, um die Kirche nach alten Plänen zu rekonstruieren, doch erst Anfang des 20. Jhs. konnte der Wiederaufbau beginnen. Da damals zwei Drittel der Mönche Deutsche waren, sind z. B. Altar und Taufbecken Kopien aus Kathedralen ihrer Heimat. Die modernen Buntglasfenster stammen aus der hauseigenen Werkstatt, die auch viele andere Kirchen des Landes bestückt. Im Shop werden in der Abtei hergestellte Produkte wie Honig oder Cider verkauft. (Mo–Sa 9–18 Uhr, So 12–18 Uhr).

*Torquay 29

Wenn die Sonne scheint, kann hier an der »englischen Riviera« eine Atmosphäre gepflegten Müßiggangs aufkommen – eine palmengesäum-te Strandpromenade, viktorianische Hotels und ein geschäftiger Jachthafen tragen ebenso dazu bei wie ein Einkaufsbummel über die Union Street. Aber schon bald möchte man Rudyard Kipling beipflichten, der Torquay als einen Ort beschrieb, »den ich allzu gern aufrütteln würde, indem ich nur mit meiner Brille bekleidet durch die Straßen tanze«.

Solche Vorstellungen mögen auf Damen wie Agatha Christie abgezielt haben, die in ihrer Autobiographie den Grund nennt, warum sie Ende der 1930er-Jahre aus ihrem Haus »Ashfield« am Hügel über dem Ort auszog, wo sie aufgewachsen war: Die Nachbarvilla hatte eine psychiatrische Anstalt übernommen. Christie hätte der nackte Kipling sicherlich schockiert …

Das **Torquay Museum** zeigt neben naturgeschichtlichen und archäologischen Exponaten aus der Region auch eine interaktive Ausstellung zum Thema Agatha Christie (529

Torquay, Hauptort der »englischen Riviera«

Babbacombe Rd., TQ1 1HG; Mo bis Sa 10–17, Juli–Sep. auch So 13.30 bis 17 Uhr; www.torquay museum.org).

Zu den weiteren Attraktionen von Torquay, das auch eines der südenglischen Zentren für Sprachkurse ist, zählt die restaurierte Zisterzienserabtei **Torre Abbey** aus dem 12. Jh., die jetzt als historisches Museum und zeitgenössische Galerie fungiert (zur Zeit der Recherche wegen Restaurierung geschlossen, Öffnungszeiten bitte unter www. torre-abbey.org.uk prüfen).

In der Tropfsteinhöhle **Kents Cavern** sollen einst Steinzeitmenschen gehaust haben (10–16.30, im Winter 11–15.30 Uhr; Eintritt £ 8,95; www.kents-cavern.co.uk).

Am Oddicombe Beach nördlich der Stadt führt eine Zahnradbahn über die Klippen hinab zum Strand.

Info

English Riviera Visitor Information Centre
Hier auch Infos über den **Agatha Christie Trail** zu den mit der Kriminalschriftstellerin verbundenen Stätten.
▪ 5 Vaughan Parade (Nähe Jachthafen)
▪ TQ2 5JG
▪ Tel. 0844-474 2233
▪ www.englishriviera.co.uk

Hotel

Grand Hotel ●●–●●●
In der Honeymoon Suite des viktorianischen Luxushotels soll Agatha Christie mit ihrem ersten Mann genächtigt haben. Abends wird im »Palm Court« zum Tanz aufgespielt.
▪ Seafront | TQ2 6NT

▪ Tel. 0800-005 3905 oder 01803–296 677
▪ www.grandtorquay.co.uk

Restaurant

The Elephant Bar & Restaurant
●●–●●●
Hinter der quietschgelben Fassade verbirgt sich im Erdgeschoss eine Brasserie und im 1. Stock ein dezentes kleines Restaurant mit meisterlicher neuenglischer Küche; viel Fisch.
▪ 3–4 Beacon Terrace | Harbourside
▪ TQ1 2BH
▪ Tel. 01803-200 044
▪ www.elephantrestaurant.co.uk
▪ So, Mo Ruhetag.

Nightlife

Café Mambo
Tags Café mit Balkonterrasse und Blick über den Hafen, nachts Rooftop Bar (nur Champagner und Cocktails), am Wochenende DJs.
▪ 7 Strand | TQ1 2AA
▪ Tel. 01803-291 112
▪ www.cafemambo.co.uk/torquay

Ausflüge von Torquay
*Cockington

Lässt man die Küste am westlichen Stadtrand hinter sich, trifft man 1,5 km landeinwärts unversehens auf Cockington. Durch alte Baumbestände führt die Straße ins Dorf hinab, plötzlich blickt man auf Häuser mit abgerundeten Reetdächern, perfekt geschnittenen Hecken und makellosen Blumenbeeten. Die Kirche beim Landsitz (Café, Glasbläserei, Schmiede, Rosengarten) ist normannischen Zuschnitts, der Bach neben der Dorfstraße bewegt noch ein Mühlrad. Natürlich ist dies ein reines Schaustück für Touristen, aber dennoch sind die meisten Cottages so alt, wie sie aussehen, und werden von normalen Menschen bewohnt – nur dass diejenigen, die *keine* Handarbeiten oder Ähnliches verkaufen, das auf Schildern kundtun. Im Drum Inn Country Pub (Architekt Sir Edwin Lutyens) kann man den Abend stilecht ausklingen lassen.

Die Torbay und Brixham

Die Küste der Tor-Bucht erstreckt sich über gut 30 km. Verlässt man die Stadt Richtung Westen, geht Torquay nahtlos über in das Urlaubsstädtchen **Paignton** über, das mit seinem Pier und den Rummelanlagen familienfreundlicher ist als die elegantere Schwester. Sehenswert ist hier Oldway Mansion der Familie Singer (die Nähmaschinendynastie), da Paris Singer den »Wigwam« seines sexuell sehr umtriebigen Vaters zu einem »kleinen Versailles« samt Spiegelsaal ausbauen lassen. Von Paignton dampft ein historischer Zug nach Kingswear/Dartmouth (Queenspark Station, Torbay Rd., Fahrplan: www. paignton-steamrailway. co.uk).

Sehr hübsch ist am westlichen Ende der Bucht der historische Fischerort **Brixham**, im Mittelalter der größte im Südwesten. Eine Investition von £ 24 Mio. hat dafür gesorgt, dass hier noch immer Fisch im Wert von £ 20 Mio. jährlich auf dem Fischmarkt verkauft werden kann. Im Hafenbecken ankert die

Replika von Francis Drakes **Golden Hind,** mit der er als erster Engländer die Welt umsegelte (Mo–Fr 10 bis 15 Uhr, Sa, So bis 16 Uhr; www. goldenhind.co.uk).

Vom Hafen kann man zur Landspitze **Berry Head** wandern, einer befestigten Landzunge, an der man in der Bar des Berry Head Hotel eine Erfrischung einnehmen kann.

Hotel

Berry Head Hotel ●●
Dieses Hotel des National Trust verspricht eine glorreiche Aussicht – und hält das Versprechen. Es hat einen Swimmingpool, die Bar hat eine Terrasse mit Aussicht und es gibt Parkplätze.
- Berry Head Road | TQ5 9AJ
- Tel. 01803-853 225
- www.berryheadhotel.com

Restaurant

The Poopdeck ●●–●●●
Fischrestaurant mit langer Tradition und gutem Ruf. Der Fisch ist frischer Fang direkt vom Boot.
- 14 The Quay | TQ5 8AW
- Tel. 01803-858 681
- www.poopdeckrestaurant.co
- Mo Ruhetag, Lunch nur Do–Sa 12–14.30 Uhr.

Totnes 🔟

Eine halbe Stunde Autofahrt ins Landesinnere, wo der Dart nicht mehr schiffbar ist, liegt in den Hang geschmiegt das Städtchen Totnes, das den Besucher gute 900 Jahre zurückversetzt. Über dem Ort thront wie eine Krone der zinnenbewehrte Rundturm der normannischen

Erstklassig

Burg **Totnes Castle** aus dem 11. Jh. Auch der hübsche Ortskern mit der steil ansteigenden **Fore Street** samt den blitzsauber restaurierten Häusern aus dem 16./17. Jh. ist sehenswert. Von hier aus kann man schöne Bootsausflüge bis zur Mündung bei Dartmouth bzw. Kingswear machen. Abfahrt ist am Steamer Quay (ca. 10 Minuten Fußweg vom Zentrum, Informationen bei **Dartmouth River Boats,** 5 Lower Street, Dartmouth, Tel. 01803-555 872, www. dartmouthrailriver.co.uk).

****Dartmouth ㉛ und Kingswear**

Die beiden malerischen Orte sind bilderbuchartig in die bewaldeten Abhänge beiderseits des Flusses Dart eingebettet. Der geschützte Hafen wird an der Südseite von der 1510 erbauten Festung **Dartmouth Castle** bewacht (TQ6 0JN; 10 Min. mit dem Boot ab Dartmouth, April bis Sept. 10–18 Uhr Okt.–Nov. bis 16 Uhr, danach nur Sa/So).

Die **Altstadt von Dartmouth** birgt eine erstaunliche Anzahl an Boutiquen und Bistros entlang der engen Gassen und langgezogenen Treppen. Man kann dort auch die um 1640 entstandene Ladenarkade des »Butterwalk« bewundern. Darin befindet sich ein windschiefes Café und das **Dartmouth Museum,** das alte Seekarten und Schiffsmodelle ausstellt (April–Okt. Di–Sa 10–16, So/Mo ab 13–16 Uhr; Nov.–März tgl. 12–15 Uhr, http://dartmouth museum.org). In der **Bayard's Cove**

legten die Pilgrim Fathers noch einmal an, bevor sie endgültig Segel setzten für die Neue Welt.

Die Kirche St Saviour's geht auf das 13. Jh. zurück, sehenswert sind die Südtür, die das British Museum

Die besten Fish & Chips Shops

Fish & Chips, in Bierteig getauchte und frittierte Filets von Kabeljau (*cod*) oder Schellfisch (*haddock*), serviert mit Pommes Frites (*chips*), die man salzen und mit verdünntem Essig beträufeln sollte, sind die Nationalspeise der Engländer. In Großbritannien gibt es mehr als 10 000 Fischbuden, die etwa 230 Millionen Mahlzeiten im Jahr verkaufen. Die Industrie macht damit einen Umsatz von 1,2 Mrd. Pfund und ist Arbeitgeber für 61 000 Menschen. Ausgezeichnete Läden für Fish & Chips sind u.a.:

- **Harbour Fish & Chips, St Ives**
  Wharf Road | TR26 1LF
  www.harbourfishandchips.co.uk
- **Harbour Lights, Falmouth**
  Arwenack Street | TR11 3LH
  www.harbourlights.co.uk
- **Stein's Fish & Chips, Padstow**
  South Quay | PL28 8BL
  www.rickstein.com
- **Rockfish Seafood & Chips, Dartmouth**
  8 South Embankment | TQ6 9BH
  www.rockfishgrill.co.uk
- **Harbourside Traditional Fish & Chips, Plymouth**
  35 Southside St.
  The Barbican | PL1 2LE
  www.barbicanfishandchips.co.uk

kürzlich neu datiert hat, und der Lettner aus Eichenholz des 15. Jh.

Über der Ortschaft thront das 1905 erbaute **Britannia Royal Naval College**, wo Offiziere der Königlichen Kriegsmarine ausgebildet werden (u. a. war auch Prinz Philip hier Student). Es ist eingeschränkt zu besichtigen. (College Way, TQ6 0HJ, April–Sept. Touren Mi, Sa, So nur nach Vorbuchung unter Tel. 01803-677 013, Eintritt £11,85).

5 km südwestlich von Dartmouth erstreckt sich der helle, gepflegte Blackpool Sands, einer der schönsten Strände der Insel. Es gibt auch ein Venus Beach Café und Möglichkeiten für Wassersport. (www.blackpoolsands.co.uk).

Erst-I klassig

Info

Tourist Information Centre (TIC)
▪ The Engine House
▪ Mayor's Avenue | TQ6 9YY
▪ Tel. 01803-834 224
▪ www.discoverdartmouth.com

Hotel

Royal Castle Hotel ●●●
Am Hafen von Dartmouth, mit dem beliebten Pub »Harbour Bar«. Gekonnter Mix von modern und antik in 25 Zimmern. Das umweltfreundliche Konzept schätzt auch Prinz Charles.
▪ 11 The Quay
▪ Tel. 01803-833 033
▪ www.royalcastle.co.uk

Restaurants

Seahorse ●●–●●●
Vielfach ausgezeichnetes Fischrestaurant am Kai mit tägl. wechselndem Angebot, je nach Fang.

▪ 5 South Embankment | TQ6 9BH
▪ Tel. 01803-835 147
▪ www.seahorserestaurant.co.uk
▪ Mo Ruhetag.

The Cherub Inn ●–●●
Pub mit gepflegten Bieren im ältesten Gebäude des Ortes (1380 erbaut). In der Gaststube im ersten Stock wird gutes Essen serviert.

Erst-klass

▪ 13 Higher Street | Dartmouth
▪ Tel. 01803-832 571
▪ www.the-cherub.co.uk

Ausflüge ab Dartmouth

Greenway

Das 500 Jahre alte Anwesen in der Obhut des National Trust ist eine Pilgerstätte für Agatha-Christie-Fans. Die Krimiautorin genoss hier, im »loveliest place in the world« von 1938 bis 1959 mit ihrem zweiten Gatten Max Mallowan regelmäßig ihre Sommerferien. Außer dem Waldgarten können auch die Räume im Inneren mit all den Andenken von ihren vielen Reisen besichtigt werden. Im Shop stehen Memorabilia zum Verkauf.

Info

▪ Greenway Road | Galmpton | TQ5 0ES
▪ Mitte Juli–Aug. Di–So 10.30–17,
  sonst Mi–So 10.30–17 Uhr,
  Nov.–Febr. geschl.; Eintritt £ 9
▪ Am angenehmsten geht es mit dem
  Boot nach Greenway. (Mi–So, Fahrplan unter www.greenwayferry.co.uk).
  Der Aufstieg von der Anlegestelle zum
  Hause ist allerdings sehr steil.

Das Bootshaus von Greenway am River Dart

▪ Wenn Sie mit dem Auto kommen, müssen Sie unbedingt einige Tage im Voraus einen Parkplatz buchen:

▪ Tel. 01803-842 382

▪ www.nationaltrust.org.uk/greenway

Burgh Island 32

Das winzige **Bigbury-on-Sea** am Ende der B 3392 ist Ausgangspunkt eines kultivierten Abenteuers: 400 m vor der Küste liegt Burgh Island verheißungsvoll im Schlick. Bei Ebbe kann man zu Fuß zur Insel hinüberwandern (nachdem man sich über die Gezeiten informiert hat!) – ansonsten verkehrt ein »Sea Tractor«, der aussieht wie ein Leiterwagen auf Stelzen.

Die Hauptattraktion der Insel ist das noble **Burgh Island Hotel** (●●●, Tel. 01548-810 514, www.burgh island.com): Das Gebäude wurde 1929 in reinstem Art-déco-Stil entworfen und prachtvoll restauriert. Agatha Christie kam oft hierher und soll im Hotel mehrere Romane geschrieben bzw. konzipiert haben. »Das Böse unter der Sonne oder Rätsel um Arlena« spielt auf der Insel. Andere prominente Gäste wie der Duke of Windsor und Mrs. Simpson sollen ebenfalls im Palm Court zu Tangoklängen Cocktails geschlürft haben. Wer sich in die 1920er- und 30er-Jahre zurückversetzen möchte, muss allerdings tief in die Tasche greifen. Es gibt nur Suiten, und beim Dinner ist schon um der Stilreinheit willen Abendgarderobe erwünscht.

*Exeter 33

Das Grafschaftszentrum von Devon (118 800 Einw.) ist Sitz der Regionalverwaltung und einer angesehenen Universität.

Exeters ****Cathedral Church of St. Mary and St. Peter** gehört zu den schönsten sakralen Bauten Südenglands. Von der normannischen Kirche (um 1110) einer frühchristlichen Abtei sind noch einzelne Elemente erhalten. Der heutige Bau (größtenteils 14. Jh.) ist berühmt für das kunstvolle gotische Gewölbe des Hauptschiffs, wohl das längste der Welt. An der Decke zeigen manche Stellen, was viele bei der abgebrochenen Restaurierung in den 1970er-Jahren so erschreckt hat: Der helle Stein ohne Patina und die Ornamente und Schlusssteine in grellen Originalfarben passen so gar nicht in das würdevoll düstere Bild, das wir uns von gotischen Kirchen machen.

Beachten Sie auch die kunstvoll gestickten Sitzkissen (Rondels) entlang der Seitenschiffe, die Minstrels Gallery, den geschnitzten Bischofsstuhl aus englischer Eiche (19 m hoch) und den lustigen Misericord eines Elefanten. (Mo–Sa 9 bis 16.45 Uhr; Eintritt £ 6; www. exeter-cathedral.org.uk.)

Erst-Iklassig

Das verschönerte **Hafenviertel** bildet eine Hauptattraktion der Stadt. Über ihre Geschichte und ihre Verbindung zur Seefahrt informiert das **Quay House Visitor Centre** in einem Bau des 17. Jhs. (46 The Quay; April–Okt. 10–17, sonst Sa/ So 11–16 Uhr).

Auch die Innenstadt von Exeter kann sich wieder sehen lassen, seit der Nachkriegsbeton abgerissen wurde und das Shoppingcentre Princesshaye ein modernes Gesicht erhalten hat. Magdalen Road im Stadtteil St Leonards ist so etwas wie Exeters Essmeile voller Delis und günstiger Cafés und Restaurants.

Info

Tourist Information Centre (TIC)
- Civic Centre
- Dix's Field | EX1 1GF
- Tel. 01392-665 700
- www.exeter.gov.uk/visiting

Eine Perle der englischen Gotik: Exeter Cathedral

Hotel

St. Olaves Court ●●

Kleines Hotel in ruhiger georgianischer Stadtvilla mit Garten nahe der Kathedrale; erstklassiges Restaurant.

- ▍Mary Arches Street
- ▍Tel. 01392-217 736
- ▍www.olaves.co.uk

Restaurants

Michael Caines im ABode Hotel ●●●

Sehr gediegen speist man im Hotelrestaurant bei der Kathedrale – die neue englische Küche mit besten lokalen Zutaten hat allerdings ihren Preis.

- ▍Cathedral Yard | EX1 1HB
- ▍Tel. 01392-223 638
- ▍www.michaelcaines.com/ restaurants/exeter

Schlichter geht es nebenan in Mr. Caines **Well House Tavern** zu (●●, 16–17 Cathedral Close); Takeaways vom Meister bekommt man in der **MC Boutique** (●) um die Ecke (Martins Lane).

Petit Mange ●

Bistro auf zwei Ebenen mit Actionbildern an der Wand. Serviert werden Snacks wie Suppen und Sandwiches, Pies und Burger, aber auch ein komplettes Menü.

- ▍29 Magdalen Road | EX2 4TA
- ▍Tel. 01392-435 883
- ▍www.petitmange.com

Pubs

The White Hart ●●

st-assig Urgemütliche Kneipe aus dem 14. Jh. mit 55 Zimmern um einen Hof.

- ▍66 South Street | EX1 1EE
- ▍Tel. 01392-279 897
- ▍www.whitwhartpubexeter.co.uk

WhiteHart-Exeter ●—●●

Pub direkt am Kanal mit Biergarten und Spielplatz. Sa Livemusik

- ▍Double Locks | Canal Banks | EX2 6LT
- ▍Tel. 01392-256 947
- ▍www.doublelocks.com

The Ship Inn ●

Pub aus dem 16. Jh., in dem schon Sir Francis Drake ein- und ausging.

- ▍1–3 Martins Lane | EX1 1EY
- ▍Tel. 01392-272 040
- ▍gkpubs.co.uk/pubs-in-exeter/ship-pub/

Ausflug nach *Powderham Castle

Südlich der Grafschaftshauptstadt liegt am Fluss Exe die Burg der Grafen von Devon, Powderham Castle. Sie ist seit 1000 Jahren im Besitz der Familie Courtenay. Die heutige Form erhielt der Bau im 14. Jh., ein Großteil der Einrichtung stammt aus dem 19. Jh., darunter die beeindruckende Küche. Rittersaal, Bibliothek, Musikzimmer und Marmorsaal sind die interessantesten Räume in der Burg, die mit Brüsseler Gobelins und Familienproträts dekoriert ist.

Das imposante Anwesen war Drehort für viele Filme, u. a. für »Was vom Tage übrigblieb« mit Anthony Hopkins. Für Kinder gibt es auf dem weitläufigen Gelände drei Naturpfade zu entdecken, und im Deer Park kann man Rehe sehen. (April–Okt. So–Fr 11–16.30 Uhr, außerdem verschiedene Samstage; Eintritt £ 11; Tel. 01626-890 234; www.powderham.co.uk)

****Exmoor** 34

Das Exmoor ist mit rund 700 km² zwar kleiner, dafür aber abwechslungsreicher als das Dartmoor › S. 75. Es gibt weite Buchten, steile Küsten, romantische Heidelandschaft und dazwischen Flüsse und Seen, Wald und Wiesen, durchzogen von 800 km Wanderstrecke. Einen fantastischen Rundblick über die unendlichen Weiten hat man vom höchsten Punkt auf 519 m, dem Dunkery Beacon. Auch im Exmoor leben wilde Ponys, übrigens die älteste einheimische Rasse. Man findet sie am ehesten auf den Anhöhen wie Winsford Hill, Porlock Hill oder Molland Moor. Vor allem aber ist das Exmoor ein Wild- und Jagdrevier mit dem einzigen frei lebenden Rotwild Englands. **Dulverton** gilt als guter Ausgangspunkt für Touren ins Landesinnere, z. B. zu den **Tarr Steps**, einer mittelalterlichen Brücke aus Steinkeilen. Das hübsche **Winsford** mit einem Inn aus dem 12. Jh. eignet sich für die Erkundung des Ostens, und die Mitte und das Moor erschließen sich am besten von **Simonsbath** aus.

Info

National Park Centre

Erst-
klassig

Auskünfte zu Wanderwegen wie dem Coleridge Way, dem Two Moors Way oder dem Tarka Trail und zu geführten Wanderungen. Aktivitäten finden Sie unter www.activeexmoor.com.

- 7–9 Fore Street | Dulverton TA22 9EX
- Tel. 01398-323 841
- www.exmoor-nationalpark.gov.uk
  www.visit-exmoor.co.uk

***Dunster** 35

An manchen Sommertagen ist das Dorf am nordöstlichen Rand des Exmoors so überlaufen, dass die Hauptstraße am Eingang gesperrt wird. Der Andrang gilt der malerischen **High Street** mit ihrem Marktkreuz *(buttercross)*, dem Yarn Market, den vielen Teashops und der dahinter aufragenden **Burg.** Diese stammt aus normannischer Zeit, wurde aber im 19. Jh. romantisierend restauriert. Im subtropischen Garten steht neben Erdbeerbäumen der älteste Zitronenbaum des Landes. (Mitte März–Okt. tgl. 11 bis 17 Uhr, Eintritt £ 9).

Info

Tourist Information Centre (TIC)

- Dunster Steep | TA24 6SE
- Tel. 01643-821 835
- www.visitdunster.co.uk

Hotel

Dunster Castle Hotel ●●–●●●

Früheres Verwalterwohnhaus aus dem 18. Jh., frisch renoviert und modern eingerichtet. Restaurant, Kellerbar, Garten.

- 5 High Street | TA24 6SF
- Tel. 01643-823 030
- www.thedunstercastlehotel.co.uk

Restaurants

Reeves Restaurant ●●

Sehr gemütliche Atmosphäre, exzellentes Essen mit französischem Einfluss und den besten Zutaten der Region. Lunch Di–So, Dinner Di–Sa.

- 20–22 High Street | TA24 6SG
- Tel. 01643-821 414
- www.reevesrestaurantdunster.co.uk

Locks Victorian Tea Rooms
Durch einen Klamottenladen hindurch gelangt man in einen hübsch bepflanzten Innenhof und diesen versteckten Tea Room. Es gibt Lunch oder Süßes wie Cream Tea.
▌ 18c High Street | TA24 6SG
▌ Tel. 01643-821201

Lynton und *Lynmouth 36

Von **Lynton** hoch auf den Klippen verkehrt eine Art hydraulischer Bergbahn, eine sogenannte Wasserballastbahn, hinab zum Hafen von **Lynmouth**: Die beiden Wagen laufen auf Schienen, wobei Wassertanks für den Gewichtsausgleich zwischen dem aufsteigenden und dem absinkenden Wagen sorgen.

Die viktorianischen Cottages von Lynmouth wurden großteils neu- bzw. nachgebaut, nachdem 1952 ein Hochwasser der Flüsse East Lyn und West Lyn 98 Häuser fortspülte und 34 Menschen umkamen.

Zum **Valley of the Rocks** (Tal der Felsen) geht es von Lynton aus durch das Tor des abgezäunten Geländes (ausgeschildert) die Küste entlang. Man trifft auf freilaufende Ziegen und blickt auf die lila blühende Heide an den Hängen, das türkisfarben tosende Meer und bizarre Steinformationen.

Auch zur **Schlucht von Watersmeet** führt eine schöne Wanderung (1,5 Meilen von Lynmouth), für die man sich im National Trust Tea Shop in einer ehemaligen Fischerlodge belohnen darf.

Info

Tourist Information Centre (TIC)
▌ Lynton Town Hall | Lee Rd. | EX35 6BT
▌ Tel. 01598-752 225 oder
   0845–660 3232 (innerhalb GB)
▌ www.lynton-lynmouth-tourism.co.uk

Hotel/Restaurant

The Rising Sun ●●
Gehobenes Pub in einem der verschonten Gebäude (14. Jh.) am Hafen. Köstliche Mahlzeiten. Gästezimmer in den angrenzenden strohgedeckten Cottages. Der Dichter P. B. Shelley verbrachte hier seine Hochzeitsnacht.

Erst-klassig

▌ Harbourside | Lynmouth EX35 6EG
▌ Tel. 01598-753 223
▌ www.risingsunlynmouth.co.uk

Mit der Wasserballastbahn geht es hinunter nach Lynmouth

Ilfracombe 🔲

Das bis heute von viktorianischer Freizeitarchitektur bestimmte Seebad Ilfracombe ist das größte Touristenzentrum an diesem Küstenabschnitt. Auf einem Felsen thront die kleine Kapelle St Nicholas, die die Seefahrer seit dem Mittelalter sicher in den hübschen Hafen leitet. Die Tunnel Beaches begeistern Wassersportler und Badefreunde.

Erst-! klassig

Die Hafeneinfahrt schmückt seit 2012 die 20 m hohe Monumentalskulptur »Verity« des Künstlers Damien Hirst. Die umstrittene Bronzefigur zeigt eine schwangere Frau, deren Organe, Gebärmutter und Fötus sichtbar sind.

Info

Tourist Information Centre (TIC)
▮ Landmark Theatre
▮ The Seafront | EX34 8BZ
▮ Tel. 01271-863 001
▮ www.visitilfracombe.co.uk

Hotels

Trimstone Manor
Country House Hotel ●●
Der Landsitz aus dem 17. Jh. liegt in einem schönen Park und besitzt Swimmingpool und Tennisplätze.
▮ Trimstone | Westdown
▮ nahe Woolacombe | EX34 8NR
▮ Tel. 01271-862 841
▮ www.trimstone.co.uk

The Hampton's Hotel ●●
Viktorianische Stadtvilla mit individuellen und geschmackvoll eingerichteten Zimmern sowie tadellosem Frühstück zu B & B-Preisen.

▮ Excelsior Villas | Torrs Park | EX34 8NR
▮ Tel. 01271-864 246
▮ www.thehamptonshotel.com

Restaurants

11 The Quay ●●
Viktorianisches Inn, das vom Künstler Damien Hirst in ein exzellentes Restaurant mit guter Bar umgestaltet wurde.
▮ 11 The Quay | EX34 9EQ
▮ Tel. 01271-868 090
▮ www.11thequay.co.uk
▮ Nur März–Dez. geöffnet.

Combe Cottage Restaurant ●–●●
Charmantes Traditionscafé, das in der Ferienzeit auch zum Restaurant wird. Britische Küche mit lokalen Produkten.
▮ 63 High Street | EX34 9QE
▮ Tel. 01271-862 605
▮ www.combecottage.co.uk

Woolacombe und Croyde

Die Bucht des Ferienortes **Woolacombe** 🔲 nennt sich Golden Coast, da sie den längsten Sandstrand Devons besitzt. Es gibt einen wunderbaren Wanderweg zum **Morte Point,** von wo man den besten Blick über die Küste bis nach **Lundy Island** hat.

Erst-klass

Am südlichen Ende der Bucht liegen die reetgedeckten Katen von **Croyde,** dessen Strand als örtliches Surferparadies regen Zulauf findet.

Info

Woolacombe TIC
▮ The Esplanade | EX34 7DL
▮ Tel. 01271-870 553
▮ www.woolacombetourism.co.uk

*Lundy Island

Von Ilfracombe oder Bideford aus kann man mit der »MS Oldenburg« von März bis Okt. zur 37 km nordwestlich gelegenen alten Pirateninsel hinüberschippern (Abfahrtszeiten im Lundy Shore Office in Bideford erfragen, › unten). Wenn man mit dem kleinen Boot von der Oldenburg an Land gebracht worden ist, kann man zunächst in der »Marisco Tavern« einkehren.

Die Unterkunftsmöglichkeiten auf Lundy Island sind begrenzt, aber der Zeltplatz im Süden ist wunderschön gelegen und gut ausgestattet – nur warme Sachen sollte man nicht vergessen (Nov.–März per Hubschrauber, Info/Anmeldung beim Landmark Trust › S. 23)! Mit etwas Glück kann man brütende Papageitaucher sehen.

Steil sind die Gassen in Clovelly

Info

Lundy Shore Office
- The Quay | Bideford | EX39 2LY
- Tel. 01271-863 636
- www.lundyisland.co.uk

**Clovelly 39

Dies ist das Bilderbuchdorf der Küste schlechthin: die herrliche Lage zwischen bewaldeten Klippen und das pittoreske Ortsbild mit geweißten Cottages verleihen ihm seinen großen Charme. Hier unternimmt man alles, um vom Tourismus zu profitieren: Besucher müssen oberhalb des Ortes ihr Auto auf dem großen Parkplatz abstellen, an dem auch Eintritt für das Dorf erhoben

wird. Clovelly ist jedoch die Kosten und Mühe wert.

Der kopfsteingepflasterte Abstieg zum Hafen ist so steil, dass die Einheimischen ihre Güter des täglichen Bedarf auf selbstgebastelten Schlitten transportieren. Für Laufschwache fährt ein Landrover-Service vom Parkplatz um den Ort herum hinunter zum Hafen. Wer läuft, kann unterwegs im **Tea Room** eine Pause einlegen und sollte auch im Fischerman's Cottage reinschauen.

Hotel/Restaurant

Red Lion Hotel ●●–●●●
Genießen Sie mit Blick auf den Hafen Cream Tea oder abends gefüllten Räucherlachs. Auch 11 schöne helle Zimmer.
- The Quay | EX39 5TF
- Tel. 01237-431 237
- www.clovelly.co.uk/stay-in-clovelly/red-lion-hotel

Der South West Coastal Path

In tiefer Nacht landen die Beiboote eines Seglers, der ohne Positionslichter vor der Küste liegt, ihre Fracht am Strand von Groynes an. Sie scheinen nichts als dicke Taue zu entladen, aber die Küstenwache, die auf den Klippen lauert, kennt alle Tricks. Die Männer nehmen die Schmuggler fest und rebeln die Taue auf, deren Fasern sich als Tabakblätter erweisen.

Dank eines eigens angelegten Systems von Pfaden konnten die Küstenwachen des frühen 19. Jhs. die Strände und Buchten kontrollieren. Dass der Wanderweg South West Coast Path, der aus Patrouillenpfaden der Küstenwache entstand, wo immer möglich hoch über den Stränden entlangführt und wunderbare Ausblicke bietet, hat mit dieser Vorgeschichte zu tun.

Wer Teile des Coast Path oder gar die gesamten knapp 1000 km von Minehead am Bristol Channel bis Seaton nahe Bournemouth erwandern will, braucht Kondition. Manche Teilstücke sind anpruchsvoll, und es gibt 27 000 Höhenmeter zu überwinden.

Informationen

Handliche Wanderführer mit guten Karten sind die vier Bände der **National Trail Guides:** South West Coast Path – Minehead to Padstow, Padstow to Falmouth, Falmouth to Exmouth, Exmouth to Poole, (Aurum Press, London, April 2011, £ 12,99).

Ausführliche Informationen liefert die **South West Coast Path Association** (www.southwestcoastpath. org.uk). Sie gibt das jährlich aktualisierte Handbuch über den Weg heraus, das Wegbeschreibungen, Fahrpläne öffentlicher Verkehrsmittel, Gezeitentabellen und Unterkunftsadressen enthält.

Besonders spektakuläre Abschnitte

▌ **Am wilden Atlantik**: Auf 100 km (ca. 4 Tage) an der cornischen Nordküste zwischen Bude und Newquay bestimmen Wind und Wogen die Szenerie. Südlich der Strände von Widemouth Bay imponieren die Folded Rocks, dann werden Boscastle und Tintagel erreicht. Nach Port Isaac werden Padstow Bay und Trevose Head/ Constantine Bay umwandert.

▌ **Die Granitküste**: Von St Ives kann man über 63 km in ca. 3 Tagen über die schroffen Klippen des äußersten Südwestens bis Penzance wandern. Die Strecke zwischen Pendeen Watch, Cape Cornwall, Sennen Cove, Land's End, Porthcurno und Mousehole begeistert Felskletterer ebenso wie Fotografen.

Wanderungen für den kürzeren Atem

▌ **Land's End nach Sennen Cove**: 1,6 km auf dem South West Coastal Path, kaum steil, auf der Strecke sieht man das Wrack des Frachters Mühlheim. Beim alten Aussichtshäuschen hält oft ein Mitarbeiter des National Trust Ausschau nach Delfinen, Riesenhaien und Seevögeln.

▌ **Lizard Point nach Kynance Cove**: Knappe 5 km, fantastische Küstenausblicke, ein Traumstrand

(Pentreath Beach) und eine herrliche Bucht mit Café als Belohnung. Das Inselchen heißt übrigens Aspargus Island. Lustige Namen sind auch Ladies' Bathing Pool oder Devil's Letterbox. Hier gibt es die äußerst seltene Cornish Heath, cornische Heide.

▌ **Mount Edgcumbe (Cremyll Ferry) nach Kingsand**: Etwa 6 km führt dieser Spaziergang durch die formellen Gärten des Countryparks, vorbei an einer Turmruine, the Folley, mit Blick auf Drake's Island und den Plymouth Sound. Es gibt unterwegs einige Anstiege bzw. Treppen und Stufen.

Schlafen und Essen

▌ **Old Coastguard Hotel** ●●●
Höchst angenehme Übernachtungen; 20 Zi., meist mit Meerblick. Mousehole, Tel. 01736-731 222, www.oldcoastguardhotel.co.uk

▌ **Port William** ●●
Ein Pub mit großartiger Lage am Meer, 6 Zimmern und gutem Essen. Trebarwith Strand bei Tintagel Tel. 01840-770 230, www.theportwilliam.co.uk

▌ **Gurnards Head** ●●–●●●
Hotel mit 7 Zimmern, Pub, Restaurant und Garten mit Atlantikblick. Nahe Zennor an der Küstenstraße nach St Ives. Tel. 01736-796 928, www.gurnardshead.co.uk

▌ **Bush Inn** ●●
Dieses Pub, eines der ältesten des Landes, wurde 950 als sächsisches Kirchlein gebaut. Morwenstow, zwischen Bude und Hartland, Tel. 01288-331 242, www.bushinn-morwenstow.co.uk

Südenglands Mitte

Das Beste!

▮ **Den New Forest** bei einem Ausritt oder einer Fahrradtour erkunden › S. 112
▮ **Den Turm der Salisbury Cathedral** besteigen › S. 106
▮ **Stonehenge am 21. Juni** zur Sommersonnenwende erleben › S. 108
▮ **Sich im Pump Room von Bath** zur Teatime niederlassen › S. 101

Kathedralen in Winchester, Salisbury und Wells, Steinkreise in Stonehenge und Avebury, stilvolle Eleganz in Bath – in Südenglands Mitte herrscht große Vielfalt. Naturfreunde kommen auf der Isle of Wight oder an der Küste Dorsets auf ihre Kosten.

Die Mitte Südenglands fasziniert durch ihre Verbindung von Landschaft und Kultur, von Küste und Hinterland. Die Isle of Wight, vom Festland getrennt durch den Wasserarm des Solent, ist ein England im Kleinen und der Inbegriff für gutbürgerliche Beschaulichkeit. Nordwestlich von Wight erstrecken sich die Laubwälder und Moorheiden des New Forest: So muss man sich England im Mittelalter vorstellen, ehe der unersättliche Holzbedarf für Kahlschlag sorgte. Der Steinkreis von Stonehenge, in der Salisbury-Ebene in der Mitte der Region gelegen, hat nicht immer so trostlos an einer Straßenkreuzung mit betonierten Parkplätzen gestanden. Wer Kathedralen mag, hat reiche Auswahl: Winchester, Salisbury, Wells und die Bischofskirche von Bristol haben alle ihre ureigenen Reize. Unweit von Bristol, im Nordwesten der Region, liegt auch jener Ort, der Südenglands Freuden so richtig offenbart: In Bath mischt sich Bewunderung für die klassische Architektur mit der Begeisterung über die römischen Bäder. Ins Schwärmen gerät man auch an Dorsets schöner Küste, die 180 Millionen Jahre Erdgeschichte bloßlegt und beeindruckende Felsformationen wie Durdle Door hervorgebracht hat.

Touren in der Region

Die Highlights im Landesinneren

Tour-Übersicht:

Verlauf: Bristol › Bath › Longleat › Stourhead › Glastonbury › Wells › Cheddar › Bristol

Dauer: 3 Tage

Ein Mythos: der Steinkreis von Stonehenge

Praktische Hinweise:
▪ Es gibt ein Kombi-Ticket für Longleat und die Cheddar-Höhlen, das für zwei Tage innerhalb eines Jahres gültig ist. Onlinepreis: £ 35.55.

Tour-Start:

Die Hafenstadt ****Bristol** › S. 97, die maritime Geschichte atmet, ist Ausgangspunkt für eine Reise in die Vergangenheit der oberen Zehntausend. Den ganzen Vormittag verbringen Sie im Kurort ****Bath** › S. 101, einer wunderschönen eleganten Kleinstadt mit säulenverzierten Häuserreihen und römischen Bädern, in deren Heilwasser schon die Legionäre ihre müden Knochen hielten. Entlang des Limpley Stoke Valley führt der Weg dann nach ****Longleat** › S. 103, wo die Familie Thynne ihren herrschaft-

lichen elisabethanischen Landsitz nicht nur mit einem Safaripark, sondern auch mit moderner Kunst des Hausherrn versehen hat.

Sie übernachten in ***Stourhead** › S. 103 und beginnen den Tag entspannt mit einem gemütlicher Spaziergang um den künstlichen See. Eher mystisch geht es weiter beim Besuch der Ruine von ***Glastonbury**

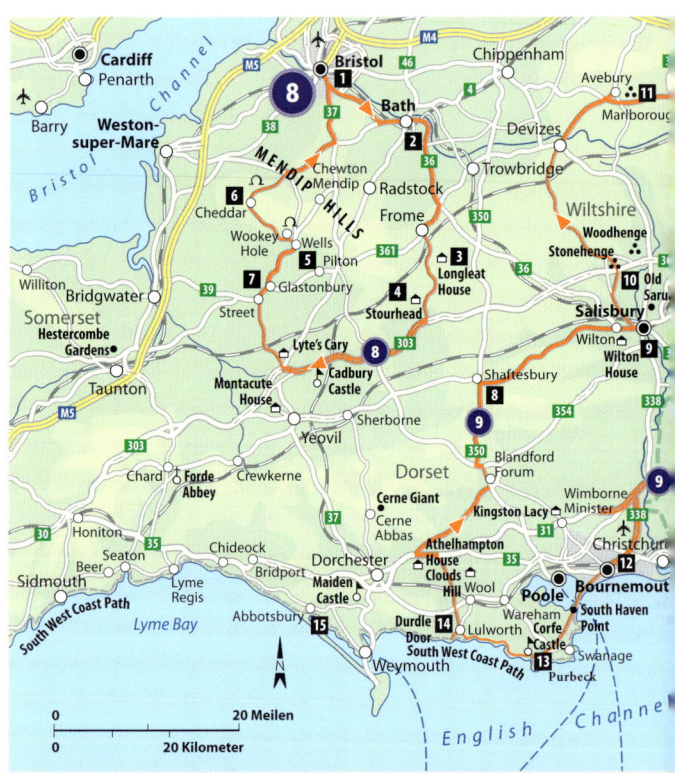

Touren in Südenglands Mitte

Abbey › S. 105 zu Füßen des Glastonbury Tors. Joseph von Arimathäa (der Jesus vom Kreuz abnahm) soll die Abtei im ersten Jahrhundert gegründet und König Artus seine Grablege hier gefunden haben. Von hier ist es nur ein Katzensprung ins mittelalterliche ****Wells** › S. 104 mit seiner verspielten, lichten Kathedrale, wo Sie über Nacht bleiben.

Nach einem ausgedehnten Stadtbummel am Morgen erwartet Sie ein Naturspektakel – die Fahrt durch die 5 km lange Schlucht von ***Cheddar** › S. 105: Nach einem Besuch der Tropfsteinhöhlen und der Schaukäserei geht es durch die reizvolle Hügelkette der Mendips zurück nach **Bristol**, dessen Besichtigung den Rest des Tages einnimmt.

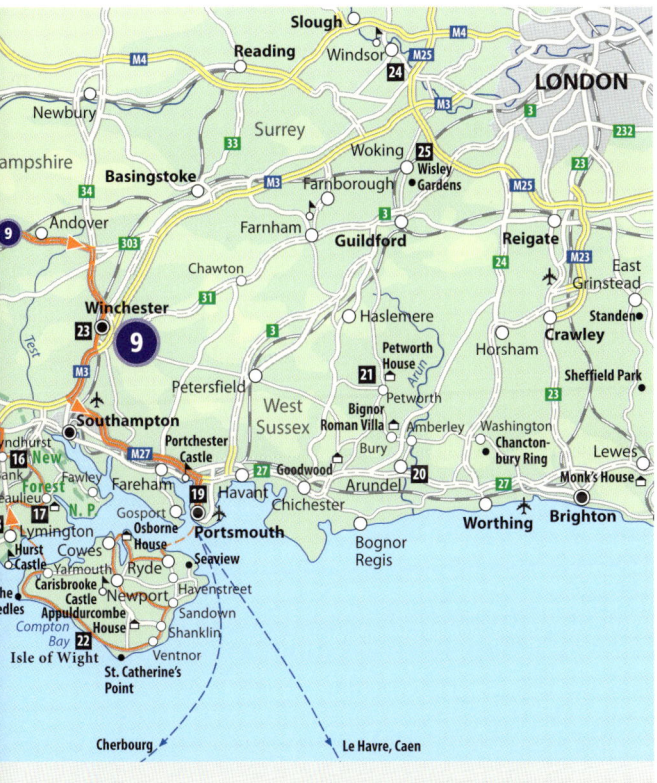

Inseln, Küste und Kultur

Tour-Übersicht:

Verlauf: Winchester › Portsmouth › Isle of Wight › Osborne House › West Cowes › Carisbrooke Castle › Südküste › Yarmouth › New Forest › Lymington › Beaulieu › Lyndhurst › Bournemouth › Corfe Castle › Durdle Door › Shaftesbury › Salisbury › Stonehenge › Avebury › Winchester

Dauer: 5 Tage
Praktische Hinweise zu den Fähren:
▪ Auf beiden Fährstrecken zur Isle of Wight gibt es täglich zahlreiche Verbindungen.
▪ Die Kettenfähre zwischen Bournemouth/Poole auf die Halbinsel Purbeck verkehrt tgl. von 7–23 Uhr alle 20 Minuten.

Tour-Start:

Von der Kathedralenstadt ****Winchester** › S. 120, in der die Schriftstellerin Jane Austen begraben liegt, fahren Sie etwa eine Stunde nach **Portsmouth** › S. 115, wo sich ein kurzer Rundgang durch den Hafen lohnt. Anschließend bringt Sie die Fähre in ebenfalls etwa einer Stunde nach Fishbourne auf die ****Isle of Wight** › S. 116. Von hier sind es nur 8 km bis zu Königin Victorias Sommerresidenz ***Osborne House** › S. 116. Nach dem Besuch dieser Villa im italienischen Stil bietet sich ein gemütlicher Bummel durch

West Cowes › S. 117 am Fluss Medina an. Über das kleine **Newport**, den Hauptort der Insel, führt die Tour nun nach ***Carisbrooke Castle** › S. 118, einer eindrucksvollen Burg aus normannischer Zeit. Auf Nebenstraßen geht es Richtung Südküste, wo eine serpentinenartige Straße die kleinen, sonnenverwöhnten Seebäder **Sandown, Shanklin** und **Ventnor** › S. 118 miteinander verbindet. Hier sollten Sie irgendwo übernachten, um am nächsten Morgen – je nach Wetter – entweder ein bisschen Wassersport zu betreiben oder sich nur etwas Seeluft um die Nase wehen zu lassen. Eine traumhaft schöne Fahrt an der Küste entlang führt dann zur berühmten Felsformation der **Needles** › S 118, die Sie erwandern können.

Sie übernachten noch einmal auf der Insel im entzückenden **Yarmouth** › S. 119, von wo Sie am folgenden Morgen mit der Fähre nach **Lymington** › S. 114 im ****New Forest Nationalpark** › S. 113 übersetzen. Nach einem Bummel durch das Segler-Städtchen wartet das wunderschöne **Beaulieu** › S. 114, ein ehemaliges Abteigelände mit dem National Motor Museum. Von dort erreichen Sie den Hauptort des New Forest, das hübsche **Lyndhurst** › S. 113, wo Sie sich Zeit für einen ausgiebigen Spaziergang oder Ausritt bzw. eine Radtour nehmen sollten, bevor Sie schließlich den Badeort **Bournemouth** › S. 110 mit seinem 7 km langen Sandstrand ansteuern. Richtung Westen fahren Sie am nächsten Tag durch **Poole** an den Traumstrand von **Sandbanks**, wo die

Fähre zur Halbinsel **Purbeck** › S. 111 übersetzt. Auf der anderen Seite erreichen Sie bald ***Corfe Castle** › S. 112, eine imposante Burgruine, die in einem hübschen, von Steinkaten gesäumten Ort hoch auf einem Hügel liegt. Weiter geht es zu einem der wunderbarsten Küstenabschnitte der Grafschaft Dorset, der Teil der sog. Jurassic Coast ist. Von **Lulworth Cove** ist es eine steile Wanderung zur Felsformation von ****Durdle Door** › S. 112. Schließlich verlassen Sie die Küste in Richtung ***Shaftesbury** › S. 106 – die kopfsteingepflasterte Gasse Gold Hill taucht oft in englischen Werbebroschüren auf. Nach dem Frühstück geht es weiter in die mittelalterliche Kathedralenstadt ****Salisbury** › S. 106, die viele zu den schönsten Städtchen Englands zählen. Lassen Sie sich hier Zeit bis nach dem Mittagessen; ****Stonehenge** › S. 108, der berühmteste Steinzeitkreis des

»Gold Hill« in Shaftesbury

Landes, ist nur 20 Minuten mit dem Auto entfernt. Viel romantischer und größer ist allerdings die Anlage von ****Avebury** › S. 109 weiter nördlich, gelegen inmitten eines malerischen Dorfes am nördlichen Rand der Salisbury Plains. Von dort geht es durch einige hübsche Ortschaften Wiltshires zurück in die Bischofsstadt ****Winchester** › S. 120, wo Sie den Tag ausklingen lassen.

Unterwegs in Südenglands Mitte

****Bristol** 1

Die Großstadt (430 000 Einw.) lebt von Handel, Industrie und Dienstleistungen und hat zwei aufstrebende Universitäten vorzuweisen. Vom 15. bis zum 18. Jh. war Bristol die nach London zweitwichtigste Stadt Englands – und nahm damit leider eine ebenso zentrale Rolle im unrühmlichen Sklavenhandel ein, der das Leben der Aristokratie in der als »Georgian« bekannten Epoche

(1714–1830) direkt oder indirekt finanzierte.

Im 19. Jh. galt Bristol als führende Stadt für Schiffs- und Metallbau: Der berühmteste englische Ingenieur jener Zeit, Isambard K. Brunel (1806 bis 1859), war lange Jahre in Bristol tätig und konstruierte u. a. auch die bedeutende Clifton Suspension Bridge › S. 99. Diese Tradition wird heute in den Sparten Flugzeugbau und Mikroelektronik fortgesetzt.

Der erneuerte ***Floating Harbour** erinnert an die Hamburger Speicherstadt und ist mit einer Fähre vom zentralen Hafenbecken St. Augustine's Reach zu erkunden.

Der Geschichte der Seefahrt widmet sich das **SS Great Britain Maritime Heritage Centre** (April–Okt. tgl. 10–17.30, sonst bis 16.30 Uhr; Eintritt £ 12,95, Familienticket £ 33,50; www.ssgreatbritain.org). Neben dem Museum selbst ist Brunels Schraubendampfer zu besichtigen, der 2006 anlässlich seines 200. Geburtstages für ca. £ 11 Mio. restauriert wurde. Die »Matthew« an seiner Seite ist eine Kopie jenes Schiffs, mit dem John Cabot 1497 Neufundland entdeckte.

Erst-klassig

Nicht weit davon entfernt befindet sich in einem Hafenlagerhaus aus den 1950er-Jahren Bristols neuestes Museum, das **M-Shed** (Princes Wharf, BS1 4RN, Di–Fr 10–17 Uhr, Sa/So bis 18 Uhr; http://mshed. org). Es zeigt auf drei Galerien interaktive Exponate, die sich mit den Menschen, den Orten der Stadt sowie den vielfältigen Lebenserfahrungen dort beschäftigen. Schwerpunkte bilden die Industrie- und Unterhaltungsgeschichte Bristols, aber auch die Rolle der Stadt im transatlantischen Sklavenhandel.

Britische Schiffe luden Tuche und Eisenwaren, die in Westafrika gegen Sklaven eingetauscht wurden. Diese Fracht ging in die amerikanischen und karibischen Kolonien, wo man Zucker und Tabak an Bord nahm, der in England weiterverarbeitet und als Luxusartikel nach Kontinentaleuropa verkauft wurde.

Um die Mitte des 18. Jhs. war diese einträgliche Route praktisch ein Monopol britischer Reeder.

Über die Prince-Street-Brücke gelangt man zum Narrow Quay und zum **Arnolfini Centre**, einem progressiven Ausstellungs- und Veranstaltungszentrum für Gegenwartskunst (www.arnolfini.org.uk, Mo geschl.).

Über die Straße The Grove und die Redcliffe-Brücke kommt man zu einer der wohl größten und schönsten Stadtkirchen Englands: ***St. Mary Redcliffe**, im Wesentlichen 1325–375 im spätgotischen Stil *(Perpendicular)* errichtet.

Sehenswert ist auch Isambard Brunels Bahnhofshalle neben dem modernen Bahnhof Temple Meads.

So etwas wie eine Altstadt findet man in der kurzen **King Street**, wo man im Pub Llandoger Trow einkehren sollte (angeblich das Vorbild für Long John Silvers Kneipe »The Spy Glass« bzw. das »Admiral Benbow Inn« aus Robert Louis Stevensons Roman »die Schatzinsel«), und rund um die **Corn Exchange**, die ehemalige Getreidebörse, die heute einen Flohmarkt und Essensstände aus aller Welt beherbergt (St Nicholas Market, Mo–Sa 9.30–17 Uhr).

Am College Green ragt unübersehbar die schmuckvolle **Bristol Cathedral** auf. Mit dem Bau der Kirche wurde 1140 begonnen. Der größte Teil des heutigen Gebäudes entstand in der ersten Hälfte des 14. Jhs., doch alle Elemente verbinden sich zu einem harmonischen, eindrucksvollen Ganzen. Interessante Läden und Restaurants säu-

Die Clifton Suspension Bridge wurde erst 1864 fertiggestellt, fünf Jahre nach dem Tod ihres Architekten Brunel

men die Park Street, die hügelauf der Universität im Stadtteil Clifton zustrebt. In diesem eleganten Vorort wurden zahlreiche eindrucksvolle Häuserreihen im Regency-Stil des frühen 19. Jhs. erbaut, u.a. Royal York Crescent, Cornwallis Crescent und The Paragon.

Und natürlich gilt es, im westlichen Vorort Clifton die **Clifton Suspension Bridge** zu besichtigen. 214 m weit überspannt Brunels gewagte Hängebrückenkonstruktion die 80 m tiefe Schlucht des Avon.

Info

Tourist Information Centre (TIC)
▌ Harbourside | E-Shed
▌ 1 Canons Rd. | BS1 5TX
▌ Tel. 0906-711 2191 (50 p/Min.!), aus dem Ausland 0044-333 321 0101
▌ www.visitbristol.co.uk
▌ Führungen April–Sept. Sa 11 Uhr.
▌ Veranstaltungstipps für Bristol und Bath im Magazin »Venue« (www.venue.co.uk).

Hotels

Berkeley Square Hotel ●●
Bristols erstes Art Hotel, elegant in sechs klassizistischen Wohnhäusern untergebracht; im Keller beliebter Club/Bar mit Livemusik.
▌ Clifton | 15 Berkeley Square | BS8 1HB
▌ Tel. 0117-925 4000
▌ www.cliftonhotels.com

Brooks Guesthouse Bristol ●●
23 ultramoderne Zimmer in der Altstadt, WLAN im ganzen Hotel, Fußbodenheizung im Bad. Parken £ 9,50/Tag.
▌ St Nicholas Court
▌ Exchange Avenue | BS1 1UB
▌ Tel. 0117-930 00 66
▌ www.brooksguesthousebristol.com

Fullers @ 9 Princess Building ●●
Vier riesige, geschmackvolle Räume in georgianischem Wohnhaus nahe der Suspension Bridge. Nette Gastgeber.

Erst-
klassig

▌ 9 Princess Building | Clifton | BS8 4LB
▌ Tel. 0117-973 4615
▌ www.9princesbuildings.co.uk

**Full Moon Backpackers
and Attic Bar** ●
Umweltfreundliche Herberge für junge
Reisende nahe Busbahnhof. Bar mit vielen Events, vegetarisches Essen.
▪ Stokes Croft | BS1 3PR
▪ Tel. 0117-924 5007
▪ www.fmbristol.co.uk

Restaurants

Hotel du Vin and Bistro ●●
Stilvolles Hotelrestaurant mit französischer Küche. Nehmen Sie den Aperitif in
der gemütlichen Lounge, den Whisky
später im Billardzimmer.
▪ The Sugar House
▪ Narrow Lewins Mead | BS1 2NU
▪ Tel. 0117-925 5577
▪ www.hotelduvin.com

River Station ●●
Lokal in der ehemaligen Hafenpolizeiwache; kompromisslos modern mit
hervorragenden Speisen.
▪ The Grove | BS1 4RB
▪ Südl. von Queen Square am Fluss
▪ Tel. 0117-914 4434

The Cowshed Bar & Grill ●●
Schlichte, fleischlastige Gerichte in
Spitzenqualität (Steak on Stone),
rustikal moderne Atmosphäre, super
Sunday Roast.
▪ 46 Whiteladies Rd | Clifton BS8 2NH
▪ Tel. 0117-937 3550
▪ www.thecowshedbristol.com

Nightlife

The Rummer Hotel
Cocktailbar und Restaurant in der Altstadt. Wie der Name es vermuten lässt,
gibt es viele Sorten Rum.
▪ All Saints Lane | BS1 1JH
▪ Tel. 0117-929 0111
▪ therummer.net

Hausbar ●
In Aurelius Braunbarths urbaner Bar mit
Berlin-Flair gibt's die besten Cocktails
der Stadt.
▪ 52 Upper Belgrave Road
▪ Clifton | BS8 2XP
▪ Tel. 0117-946 6081
▪ www.hausbar.co.uk
▪ Tgl. 20–2 Uhr.

Gelassene Atmosphäre im Hafenviertel von Bristol

★★★ Bath ②

Schon die Römer legten in der geschützten Biegung des Flusses Avon eine Siedlung an und nannten sie Aquae Sulis. Um die heißen Quellen bauten sie ihre Badeanlagen; weite Teile der römischen Siedlung liegen unter dem Stadtzentrum begraben.

Das **★Roman Baths Museum** gestattet einen Blick auf die Ausgrabungen einer Tempelanlage und die besterhaltenen römischen Badeanlagen nördlich der Alpen (März bis Juni und Sept./Okt. tgl. 9–17 Uhr, Juli/Aug. 9–21, sonst 9.30 bis 16.30 Uhr; Eintritt £ 12,75, Juli/Aug. £ 13,25, Familien £ 36; www.romanbaths.co.uk).

Das Zentrum des historischen Stadtkerns bildet Abbey Churchyard, der gepflasterte Vorplatz der Abteikirche **★Bath Abbey**, die ab 1499 auf den Fundamenten einer älteren Kirche aus dem 10. Jh. errichtet wurde. Die heißen Quellen waren stets ein Anziehungspunkt für Kranke geblieben, aber als Richard »Beau« Nash im Jahr 1704 zum Zeremonienmeister der Stadt ernannt wurde, begann ihre wahrhaft große Zeit als Kurort.

Viel vom alten Flair erlebt man noch im klassizistischen **Pump Room** auf der Südwestseite des Platzes – dem ehemaligen Kurhaus, in dem ein Restaurant zum stilvollen Afternoon Tea mit Musik einlädt.

In unmittelbarer Nachbarschaft kann auch heute wieder in den einzigen heißen Quellen Großbritanniens gebadet werden: in der modernen Wellnessoase **Thermae Bath Spa** (tgl. 9–21.30 Uhr, ab £ 26, www.thermaebathspa.com).

Die Stadt verdankt ihr heutiges Gesamtbild (UNESCO-Welterbe) zum großen Teil einer Familie: John Wood Vater und Sohn. Sie gestalteten über einen Zeitraum von 50 Jahren die meisten der berühmten Straßenzüge, wie den **Circus** im Nordteil der Stadt. Östlich des Circus errichtete der jüngere Wood die **Assembly Rooms**, ehedem Wandelhalle und Ballsaal für Kurgäste (Eintritt £ 2). Eine Etage tiefer im selben Gebäude zeigt das **Fashion Museum** Kleidungsstücke vom 16. Jh. bis zur Gegenwart (tgl. März–Okt. 10.30 bis 17, sonst bis 16 Uhr; Eintritt £ 7.75; www.fashionmuseum.co.uk).

Im Westen führt die Brock Street vom Circus zum Höhepunkt klassizistischer Architektur: dem **★★Royal Crescent**, einem Meisterwerk von John Wood d. J. Hinter der bogenförmigen, durchgehenden Säulenfassade verbergen sich 30 getrennte Häuser. Als Museum dient das Eckhaus **★No. 1 Royal Crescent** (Mitte Febr.–Okt. Di–So 10.30–16.30, Okt. bis Dez. bis 15.30 Uhr). Im Westen schließt sich der ausgedehnte **Royal Victoria Park** mit einem schönen botanischen Garten an.

Elegant ist auch die um 1770 erbaute **★★Pulteney Bridge** über den Fluss Avon. Ladenzeilen säumen die Brücke, die auf die schöne Allee der Great Pulteney Street führt. An deren Ende erhebt sich am Eingang zu den Sydney Gardens das wunderbare **Holburne-Kunstmuseum** (Mo–Sa 10–17, So ab 11 Uhr, Eintritt frei, www.holburne.org).

Blick auf das Römische Bad und die Abteikirche von Bath

Info

Tourist Information Centre (TIC)
▮ Abbey Church Yard | BA1 1LY
▮ Tel. 0044-(0)844–847 5257
(vom Festland), 0906-711 2000
(aus GB, 50 p/Min!)
▮ www.visitbath.co.uk.
▮ Am Pump Room starten tgl. zweistündige Stadtrundgänge. Abends auch Ghost Walks und Pubcrawls.

Hotel

Royal Crescent Hotel ●●●
Erst-klassig Hotel in einem der berühmtesten Bauwerke Englands. Garten, Wellness im Bath House Spa. Preisgekröntes Restaurant **The Dower House**.
▮ 16 Royal Crescent
▮ Tel. 01225-823 333
▮ www.royalcrescent.co.uk

Restaurants

Bath Priory Hotel & Restaurant ●●●
Restaurant mit Michelin-Stern in einer zum Nobelhotel umgebauten ehemaligen Residenz. Gemüse und Kräuter aus den viktorianischen Kitchen Garden. Günstige Lunchmenüs.
▮ Weston Road | BA1 2XT
▮ Tel. 01225-331 922
▮ www.thebathpriory.co.uk

Hole in the Wall ●●
Berühmtes Restaurant mit moderner britischer Küche. So nur abends.
▮ 16 George Street
▮ BA1 2EN
▮ Tel. 01225-425 242
▮ www.theholeinthewall.co.uk

Jamie's Italian ●–●●
Neueste Kette des Fernsehkochs Jamie Oliver. Pasta zu vernünftigen Preisen in schönem Ambiente. Gleich daneben ist sein Deli.
▮ 10 Milsom Place | BA1 1BZ
▮ Tel. 01225-432 340
▮ www.jamiesitalian.com

Shopping

Bücher, Schmuck und Essbares findet man im überdachten **Guildhall Market** (Mo–Sa 8–17.30 Uhr). Voll trendiger Boutiquen und Restaurationen ist auch die Passage Milsom Place.

Nightlife und Pubs

The Bell
Dieses geschätzte Pub hat ungewöhnliche Biere im Ausschank. Außerdem ist es ein Musikertreff, in dem viele Livesessions stattfinden.
▮ Walcot Street | BA1 5BW
▮ www.thebellinnbath.co.uk

The Porter ●

Das einzige vegetarische Pub in Bath gehört zum **Club Moles** im gleichen Haus, wo sich Fr und Sa Livemusik, Comedy und DJs abwechseln. Viele Bohemians.

▪ Miles Buildings
▪ 15 George St. | BA1 2EN
▪ Tel: 01225-424 104
▪ www.theporter.co.uk

Old Green Tree

Ein winzigers richtig schönes Pub, oft empfohlen und viel besucht. Tolle Auswahl an Bieren, Weinen und Whiskys.

▪ 12 Green St. | BA1 2JZ

Ausflüge ab Bath

*Longleat House **3**

Über die A 36 in Richtung Warminster ist Longleat rasch erreicht. Architekturexperten bezeichnen den riesigen Prachtbau aus dem 16. Jh. als stilbildend, den Park mit dem verblüffenden Heckenlabyrinth gestaltete wieder mal Lancelot »Capability« Brown, und eine Bollywood-Produktion nutzte den Landsitz als Filmkulisse.

Im Garten erstreckt sich der berühmte **Safaripark** mit Löwen und Elefanten; es gibt einen **Abenteuerpark** für Kinder, eine **Miniatureisenbahn** und vieles mehr.

Info

▪ Longleat | Warminster | BA12 7NW
▪ April–Okt. tgl. 10 bis mindestens 16, oft bis 19.30 Uhr, siehe Webseite
▪ Eintritt £ 29,50 für alle Attraktionen mit Passportticket
▪ www.longleat.co.uk

*Stourhead **4**

Das vom National Trust verwaltete Anwesen liegt nur wenig südlich von Longleat an der B 3092 und wirkt ungeheuer vornehm. Der frühklassizistische Bau wurde 1721 im Auftrag der Bankiersfamilie Hoare begonnen. Nach dem Vorbild der Gemälde von Claude Lorrain, Poussin und Dughet, die der Hausherr so sehr bewunderte, entstand ab 1741 ein großartiger Landschaftsgarten mit Tempeln und Grotten um einen künstlich angelegten See herum (Garten: tgl. 9–19, im Winter bis 17 Uhr; Haus: März bis Okt. tgl. 11–16.30 Uhr; Eintritt Garten oder Haus £ 7,70, www.nationaltrust.org.uk/stourhead).

Hotel und Pub

The Spread Eagle Inn ●●●

Das 1720 erbaute Gästehaus am See auf den Ländereien von Stourhead bietet heute 5 idyllische Zimmer und verwöhnt mit guter Küche.

▪ Church Lawn | Stourton BA12 6QE
▪ Tel. 01747-840 587
▪ www.spreadeagleinn.com

Heckenlabyrinth im Park von Longleat

Wells 5

Wells (10 500 Einw.) verdankt seinen Namen den hier entspringenden Quellen, die heutige Existenz aber dem Klerus: Schon um 700 n. Chr. soll hier die erste Kirche errichtet worden sein. Im Jahr 909 wurde der Ort Sitz des Bischofs von Somerset, und die großartige gotische **Wells Cathedral** entstand zwischen 1180 und 1400. Die Westfront gehört mit ihren nahezu 300 Skulpturen von Engeln, Heiligen und Bischöfen, im 13. Jh. von einer Schule lokaler Steinmetze geschaffen, zu den beeindruckendsten in dieser an Domen nicht gerade armen Region.

Auch innen hat die Kathedrale Ungewöhnliches zu bieten: Im nördlichen Querschiff befindet sich z. B. die astronomische Uhr von 1392 mit beweglichen Ritterfiguren, gegenüber führt eine eindrucksvolle Treppe zum Kapitelhaus, und wirklich einmalig sind die Scherenbögen, die die Vierung stützen und das Figurenkapitell Raub der Weintrauben zeigen (www.wellscathedral.org.uk).

Erstklass

Die Kathedrale bildet zusammen mit dem **Marktplatz,** dem ebenfalls gotischen **Bischofspalais** und den einheilichen Klerikerhäusern der Gasse **Vicars' Close** ein harmonisches Ensemble, an dem man sich kaum sattsehen kann.

Info

Tourist Information Centre (TIC)
- Wells Museum
- 8 Cathedral Green | BA5 2UE
- Tel. 01749-671770
- www.wellssomerset.com
- www.visitsomerset.co.uk

Hotel

The Swan ●●●
In der Sadler Street gibt es einige gute Hotels – dieses, teils in einem Gebäude des 15./16. Jhs. und mit Garten, ist be-

Mittelalterliche Reihenhaussiedlung: Vicar's Close in Wells

sonders empfehlenswert. Manche Zimmer mit Kamin und Himmelbett.

▪ Sadler Street (nördl. des Markts)
▪ Tel. 01749-836 300
▪ www.swanhotelwells.co.uk

Restaurants

Goodfellows Seafood
Restaurant ●●●
Frischer Fisch aus Devon und Cornwall wird in einer offenen Küche vor Ihren Augen zubereitet. Tasting Menue mit den beliebtesten Gerichten (6 Gänge).

▪ 5 Sadler St. | BA5 2RR
▪ Tel. 01749-673 579
▪ www.goodfellowswells.co.uk

The Old Spot ●●–●●●
Französische und italienische Küche aus lokalen Produkten. Schick aber nicht schicki-micki.

▪ 12 Sadler Street | BA5 2SE
▪ Tel. 01749-689 099
▪ www.theoldspot.co.uk

Anton's Bistrot
at the Crown Hotel ●–●●
Neue britische Küche mit französischem Einschlag. Mittags günstige Menüs, am Abend à la carte.

▪ Market Place
▪ Tel. 01749-673 457
▪ www.crownatwells.co.uk

*Cheddar 6

Der schönste Weg, um nach Cheddar zu gelangen, ist von Norden durch die Cheddar-Schlucht, in der sich auch einige Outdoor-Freizeitmöglichkeiten sowie mehrere Tropfsteinhöhlen bieten (www. cheddargorge.co.uk).

Der Ort hat seinen Namen dem berühmtesten englischen Käse geliehen, der hier in der Gegend seit mehreren hundert Jahren produziert wird – schon 1625 wurde er am englischen Königshof in den höchsten Tönen gelobt. An der Straße von der Schlucht ins Dorf steht eine Käserei zur Besichtigung offen (Cheddar Gorge Cheese Company, www.cheddargorgecheeseco.co.uk).

*Glastonbury 7

Mit diesem Ort und seinem Kegelberg ***Glastonbury Tor** verbinden sich unzählige Legenden: Hierher soll Joseph von Arimathäa gekommen sein, der Mann, der Jesus vom Kreuz nahm und in der Abendmahlsschale dessen Blut auffing. Diese Schale, den Heiligen Gral, soll er auf einer Missionsreise um 60 n. Chr. unter Glastonbury Tor vergraben haben. Die Verbindung zu den Rittern der Tafelrunde ist verworren, aber nachdem die Abtei von Glastonbury, ehedem die größte Englands, um 1184 abgebrannt war, wollten die Mönche unter den Fundamenten die Gräber von Artus und seiner Gemahlin Guinevere gefunden haben. Historiker gehen davon aus, dass sie lediglich die Beschaffung von Mitteln zum Wiederaufbau beschleunigen wollten.

Glastonbury Abbey gilt als die erste christliche Klostergründung Englands. Nur die Küche des Abts von 1340 ist unbeschädigt, ansonsten liegt die Abtei in Ruinen (Juni–Aug. 9–21, sonst 9–18 bzw. 16 Uhr; www. glastonburyabbey.com).

Nicht umsonst, aber draußen: das Glastonbury Festival

Heute ist Glastonbury ein Mekka der spirituellen Alternativgruppen Englands, deren Buch- und Utensilienläden sich im Ort aneinanderreihen.

Beim Dorf Pilton, 12 km östlich von Glastonbury, findet jährlich im Sommer das **Glastonbury Festival** mit Rockmusik und Aufführungen darstellender Kunst statt (www. glastonburyfestivals.co.uk)

Info

Tourist Information Centre (TIC)
▍ The Tribunal | 9 High St | BA6 9DP
▍ Tel. 01458-832 954
▍ www.glastonburytic.co.uk
www.glastonbury.co.uk

Buch-Tipps

Norma L. Goodrich, **Die Ritter von Camelot. König Artus, der Gral und die Entschlüsselung einer Legende** (Beck, 1994, nur antiquarisch).
Terence H. White, **Der König auf Camelot** (Klett-Cotta Verlag, 2004).

*Shaftesbury 8

Das malerische Städtchen (7000 Einw.) mit der Ruine einer im 9. Jh. gegründeten Abtei liegt auf einem Hügelkamm. Die aus vielen Filmen und Fernsehspielen bekannte Straße Gold Hill, die kopfsteingepflastert und von alten Cottages gesäumt steil ins Tal hinabführt, bietet eine wunderbare Aussicht aufs Umland.

Erstklass

Info

Tourist Information Centre (TIC)
▍ 8 Bell Street neben dem Co-Op Supermarkt | SP7 8AE
▍ Tel. 01747-853 514
▍ www.shaftesburydorset.com

**Salisbury 9

Die Stadt (39 000 Einw.) in der gleichnamigen weiten Ebene zieht Besucherscharen geradezu magnetisch an: Die Kathedrale, das immer noch mittelalterliche Stadtbild, die seit über 600 Jahren abgehaltenen Wochenmärkte und die Sehenswürdigkeiten ringsum machen sie zu einem der beliebtesten Ziele Englands.

Salisbury Cathedral ist von allen großen Sakralbauten Südenglands die einheitlichste. Obwohl die oft zu lesende Behauptung, der ganze Bau sei in einem Zug zwischen 1220 und 1258 entstanden, nicht stimmt – Kreuzgang und Kapitelhaus kamen Ende des 13. Jhs. hinzu, der Vierungsturm stammt aus der Zeit um 1334 –, ist die Kirche doch zweifellos das besterhaltene Beispiel des frühgotischen *Early English*

Style. Der weithin sichtbare Turm – mit 123 m der höchste Englands – mag aus späterer Zeit datieren, doch fügt er sich harmonisch ins Gesamtbild ein (tgl. 9–17, So 12–16; Spende von £ 5,50 erbeten; www.salisbury cathedral.org.uk).

Salisbury beansprucht einen weiteren Superlativ: die größte Domfreiheit, **Cathedral Close,** des Landes. Wer über die weiten Rasenflächen um die Kathedrale herumwandert, kann sie unverstellt betrachten. Nach ständigen Streitigkeiten zwischen Klerus und Stadtbürgern im 14. Jh., erlaubte der König den Domherren, das gesamte Areal zu ummauern.

Info

Tourist Information Centre (TIC)
▮ Fish Row | SP1 1EJ
▮ Tel. 01722-342 860
▮ www.visitwiltshire.co.uk/salisbury

Hotel

The Old Mill Hotel ●●
Alte, schön hergerichtete Wassermühle am Nadder südlich des Zentrums mit Blick auf die Kathedrale. Mit bekannt gutem Restaurant. Nach renoviertem Zimmer fragen!
▮ Town Path
▮ West Harnham | SP2 8EU
▮ Tel. 01722-327 517
▮ www.signature-hospitality.com

Restaurant und Pub

Haunch of Venison ●—●●
Auch das Interieur mit der letzten Bar aus Zinn in England verrät, dass das Haus im alten Zentrum vor 650 Jahren entstand. Urig. Gemäß dem Namen »Rehkeule« serviert die Küche u. a. Wildburger.
▮ 1 Minster St. (am Markt) | SP1 1TB
▮ Tel. 01722-411 313
▮ www.restaurant-salisbury.com

GastroBistro at the Pheasant Inn ●
Im ehemaligen Schustergildehaus aus dem 17. Jh. wird seit 2010 wieder traditionelles und exzellentes Pubfood geboten. Günstige Set Menues.

Erst- klassig

▮ 19 Salt Lane | SP1 1DT
▮ Tel. 01722-414 926
▮ www.restaurant-salisbury.com

New Inn & Old House ●
Gemütliches Pub in altem Tudorhaus, vom Hof aus Blick auf den Kirchturm.
▮ 41–43 New Street | SP1 2PH
▮ Tel. 01722-326 662

Salisbury Cathedral

Ausflüge ab Salisbury

*Wilton House

5 km westlich von Salisbury an der A 30 gelegen, wurde Wilton House, der Sitz der Earls of Pembroke, 1649–1652 nach Plänen von Inigo Jones errichtet. Jones' eingehende Beschäftigung mit Maß und Proportion wird besonders an zwei Räumen deutlich: Der »Single Cube Room« ist ein perfekter Kubus mit 9 m Seitenlänge, der »Double Cube Room« verdoppelt die Breite auf 18 m bei sonst gleichen Maßen. Beide Zimmer sind üppig ausgestattet, auch mit Werken der großen Gemäldesammlung (Mai–Aug. So–Do 11.30–17 Uhr, Park Mai–Mitte Sept. tgl. 11–17.30 Uhr, Eintritt £ 14; www.wiltonhouse.com).

**Stonehenge 10

Englands spektakulärstes Monument vorgeschichtlicher Baukunst, weltbekannt und zum Symbol für die Mysterien einer unergründlichen Epoche geworden, erhebt sich auf der weiten Ebene von Salisbury. Vom nagelneuen Besucherzentrum (komplette Fertigstellung 2014) mit moderner Galerie, Café und Shop fährt ein Shuttle zum 2 km entfernten Steinkreis. Das Weltkulturerbe ist jedoch – anders als der ebenso faszinierende Steinkreis von Avebury › S. 109 – nicht frei zugänglich, und auch sonst ist man beim Schutz des Monuments nicht zimperlich: Zu den Sonnenwenden, wenn sich alternative »Traveller« und neuzeitliche Druiden hier versammeln, sind starke Poli-

SEITENBLICK

Ungelöstes Rätsel

Die bekannte Silhouette des durch Quersteine verbundenen Steinkreises von Stonehenge stellt nach heutiger Erkenntnis dessen dritte Bauphase dar. In der ersten Phase um 3000 v. Chr. wurde der Ringgraben von etwa 100 m Durchmesser ausgehoben. Der Eingang zum Ring war schon damals nach Nordosten hin ausgerichtet, wo zur Sommersonnenwende die Sonne aufgeht. Etwa 1000 Jahre später wurden im Zentrum die sogenannten Bluestones aufgestellt, benannt nach der Farbe des Granits. Sie bildeten ursprünglich zwei konzentrische Kreise mit einem Zugang von Nordwesten – in Richtung des Sonnenuntergangs zur Sommersonnenwende. Und in der dritten und erstaunlichsten Bauphase wurden um 1500 v. Chr. die riesenhaften behauenen Sarsenblöcke herangeschafft, zu einem geschlossenen Kreis aufgerichtet und mit Quersteinen abgedeckt.

Die genaue Funktion der Anlage bleibt rätselhaft – naturgemäß entstanden alle möglichen Legenden, und es wurden diverse Erklärungsversuche vorgebracht. Mal hatte der Teufel seine Hand im Spiel, mal Merlin, der Zauberer und Hofberater Uther Pendragons. Heute weiß man, dass die Erbauer keinesfalls keltische Druiden waren, deren Kultus viel jüngeren Datums ist.

Nur eins steht sicher fest: Keine andere vorgeschichtliche Stätte Europas löst so viele widerstreitende Emotionen und solch tief empfundenes Staunen aus.

Nicht weniger eindrucksvoll als Stonehenge ist der Steinkreis in Avebury

zeikräfte präsent. (tgl. Juni–Aug. 9–19, Mitte März–Mai und Sept. bis Mitte Okt. 9.30–18, sonst 9.30 bis 16 Uhr, Eintritt inkl. Audioguide £ 8, Familienticket £ 20,50).

Avebury 🈁

Im zweiten großen vorgeschichtlichen Monument in Wiltshire herrscht eine völlig andere Atmosphäre als im durchorganisierten Stonehenge: Hier ist einem, als wohnten die Erbauer der Anlage noch immer in dem Dorf, dessen Hauptstraße mitten durch den Kreis führt. Schafe ruhen im Schatten der Steine, für Besucher gibt es keine Zugangsbeschränkungen.

Der Ringgraben von Avebury mit dem aufgeschütteten Erdwall dahinter hat einen Durchmesser von 347 m und umfasst eine Fläche von 11,5 ha. Vom Umfang her ist der Steinkreis am Innenrand des Grabens, der ca. 2600 bis 2100 v. Chr., errichtet worden sein soll, der größte Europas.

Museen

Alexander Keiller Museum
▮ Tgl. 10–18 Uhr, im Winter bis 16 Uhr.

Avebury Manor House
▮ Do–Di 11–17 Uhr,
  im Winter bis 16 Uhr.
▮ Timed Tickets vorher buchen.
▮ www.nationaltrust.org.uk/avebury/

Zwischenstopp: **Restaurant**

Das **Circle Restaurant** (●) des National Trust versorgt Gäste in Avebury mit Snacks, vegetarischem Lunch und Tee (tgl. 10–17.30 Uhr).

Prähistorische Stätten der Umgebung

Der spektakuläre Blickfang von Avebury ist keineswegs das einzige bedeutende Monument dieser einst dicht besiedelten Region. 2,5 km nordwestlich von Avebury hat man bei **Windmill Hill** die heute kaum mehr sichtbaren Reste einer Siedlung aus der Zeit um 3700 v. Chr. entdeckt. Aus der gleichen Epoche stammt das 100 m lange Ganggrab **West Kennet Long Barrow** südlich von Avebury, und dann ist da noch **Silbury Hill.** Der 40 m hohe Hügel ist auffallend regelmäßig geformt. Hier haben Hunderte von Menschen ab ca. 2800 v. Chr. in komplexer Bauweise (z. B. unter Verwendung hölzerner Zäune zur Sicherung der aufgeschütteten Erde) einen künstlichen Kegelberg errichtet, für dessen Zweck es bis heute keinerlei Anhaltspunkte gibt.

Bournemouth und Poole 12

Bournemouth wurde von den Viktorianern als Seebad aus dem Boden gestampft. Das erste Haus am Ort entstand 1810, doch ihre schöne Lage auf den Klippen über weiten Stränden und die Anbindung an die Eisenbahn ließen die Stadt nach 1850 rasch anwachsen.

Heute gehen Bournemouth und die alte Hafenstadt Poole ineinander über und bilden einen Ballungsraum mit etwa 300 000 Einwohnern. Ausufernde Bebauung und einige hässliche Straßenschneisen waren wohl unumgänglich, dennoch sind die beiden Stadtkerne, **The Quay** am Hafen von Poole und das Viertel um **The Square** mit den großzügigen Grünanlagen in Bournemouth, höchst ansehnlich.

Auch die weiten Strände mit ihren fast 2000 bunten Strandhütten sind geblieben: Mit sieben Meilen goldenem Sand präsentiert sich Bournemouth wie ehedem als Seebad, stolz, auch 2012 wieder vier Blaue Flaggen für höchste Umweltstandards erhalten zu haben. Zudem gehört dieser Küstenabschnitt zu den wärmsten, trockensten und sonnigsten in ganz England.

Das modernisierte **Russell-Cotes Art Gallery & Museum** an der East Cliff Promenade unweit des Bournemouth Pier zeigt hochinteressante Exponate, darunter japanisches Kunsthandwerk, Keramik und eine Gemäldesammlung mit Werken leider oft unterbewerteter britischer Maler aus dem 19. Jh. (Di–So 10–17 Uhr; www.russell-cotes.bournemouth.gov.uk, Eintritt frei, Spenden erwünscht).

Im Westen geht Bournemouth nahtlos in **Poole** über. Die Bucht von Poole ist mit ihren 80 km verschlungener Küste ein riesiger Naturhafen, an dem diese Hafenstadt, ein einstiges Seeräubernest, eine wesentlich längere Tradition hat als Bournemouth. Hier findet sich eine Altstadt mit Lagerhäusern und urigen Pubs. Zu besichtigen ist auch die bezaubernde Gartenanlage von **Compton Acres** (164 Canford Cliffs Road, Poole, BH13 7ES, tgl. 10–18, im Winter bis 16 Uhr; Eintritt £ 7,95; www.comptonacres.co.uk).

Die Buchten bieten nicht nur traumhafte Sandstrände, sondern es werden auch Austern gezüchtet. **Erst-klass** (www.othniel.com) Der lange Strand zum Ärmelkanal hin, der an der schmalen Halbinsel **Sandbanks** ausläuft, gehört zu den schönsten Englands. Von Sandbanks aus kann man auf die Halbinsel Purbeck übersetzen.

Häuser an »The Quay« in der Innenstadt von Poole

Info

Tourist Information Centre (TIC)
- Westover Road | BH1 2BU
- Tel. 0845-051 1700
- www.bournemouth.co.uk

Hotel

Langtry Manor ●●●
Eine Plakette am Haus erinnert daran, dass Edward VII. die Villa 1877 für seine Mätresse Lillie Langtry erbauen ließ. Opulentes Stoffdekor verleiht den geräumigen Zimmern, teils mit Balkon und sogar Jacuzzi, Charme. Erstklassiges Restaurant.
- 26 Derby Road
- Bournemouth | BH1 3QB
- Tel. 01202-553 887
- www.langtrymanor.co.uk

Restaurants

West Beach Restaurant ●●
Viel Fisch in zentraler Lage direkt an der Promenade und dem Pier mit Blick über den Strand. Auch Livejazz.
- Pier Approach | BH2 5AA
- Tel. 01202-587 785
- www.west-beach.co.uk

Urban Beach ●
Entspanntes Bistro in einem Boutiquehotel mit Strandthema, super Lunch.
- 23 Argyll Rd. | BH5 1EB
- Tel. 01202-301 509
- www.urbanbeach.co.uk

Ausflüge von Bournemouth

Isle of Purbeck

Von der landschaftlich sehr reizvollen Halbinsel stammt der bekannte Purbeck-Marmor, der in den meisten englischen Kirchen verbaut wird. Zwischen Sandbanks in Poole und South Haven Point pendelt von früh bis spät eine Autofähre (www.sandbanksferry.co.uk). Weite Teile Purbecks sind Naturschutzgebiet.

Info

Tourist Information Centre (TIC)
- Shore Road | Swanage BH19 1LB
- Tel. 01929-422 885
- www.visitswanageandpurbeck.com, www.visit-dorset.com

*Corfe Castle 🔢

An den Wolken kratzt diese imposante Burgruine, die Residenz vieler glückloser Könige war, z. B. King Edwards, den seine Stiefmutter Elfride 978 am Martyr's Gate ermordete. Wie fast alle Burgen wurde Corfe während des Bürgerkriegs im 17. Jh. geschleift. (April–Sept. tgl 10–18, März und Okt. 10–17, sonst bis 16 Uhr.)

Lulworth Cove

Ebenfalls auf Purbeck liegt diese fantastische Bucht zwischen Bournemouth und Weymouth. Geologen haben einen versunkenen Wald aus tropischen Riesenfarnen und Gewächsen entdeckt, der vor Millionen Jahren wucherte und über den das Heritage Centre am Parkplatz informiert.

**Durdle Door 🔢

Von Lulworth Cove wandert man rund eine Stunde (sehr steil) bis zum Durdle Door Arch, einem imposanten, malerisch verwitterten Felstor, das ins Meer ragt – wie weite Teile der Küste Dorsets and East Devons zählt er zum UNESCO-Naturerbe. Der Bogen entstand, weil die Wellenbrecher weniger hartes Gestein wie Ton und Lehm über Millionen Jahre zersetzten, und nur diese Landzunge aus festerem Portland-Kalkstein zurückblieb. Zu Füßen dieser Felsformation erstreckt sich ein sehr schöner Strand mit einem herrlichen Panorama, an dem man hervorragend baden kann.

*Abbotsbury 🔢

Blumenumrankte Cottages mit Reetdächern säumen hier die Dorfstraße. Den Resten eines Klosters ist die **Swannery** angeschlossen: In einem Becken der Lagune, den die Kiesbank Chesil Beach vor der Küste bildet, haben seit 600 Jahren Hunderte von Schwänen ihr Paradies auf Erden gefunden. Zwischen Mitte Mai und Ende Juni schlüpfen hier die Küken (Mitte März–Okt. tgl. 10–17 Uhr, Fütterungen tgl. 12

Baden mit einem UNESCO-Welterbe vor Augen: der Strand bei Durdle Door

und 16 Uhr, Eintritt £ 9,95; www. abbotsbury-tourism.co.uk).

Wunderschön sind auch die 8 ha großen **Sub-Tropical Gardens,** die der begeisterte Amateurbotaniker Earl of Ilchester um 1760 anlegte (März–Okt. 10–18, Nov.–Febr. 10 bis 16 Uhr bzw. bis Sonnenuntergang, Eintritt £ 9,95).

Hotel und Restaurant

Ilchester Arms
Gepflegter Gasthof in einer ehemaligen Kutschenstation (18. Jh.).
▌ Market Street
▌ Tel. 01305-871 243
▌ www.ilchester-arms.co.uk

**New Forest

Märchenhafte Bachläufe mäandern durch uralte Eichenhaine, auf blühenden Heideflächen grasen Wildpferde, die sich von niemandem stören lassen. Dieser kleinste Nationalpark Englands ist nur einen Steinwurf vom Meer entfernt.

Wilhelm der Eroberer gab dem etwa 385 km² großen Gebiet um 1079 seinen Namen – damals war »Forest« ein Rechtsbegriff, der den Wald dem König als Jagdrevier vorbehielt. Die einst dichten Eichenbestände wurden im Lauf der Zeit teilweise abgeholzt und bei Buckler's Hard in Schlachtschiffe verwandelt; im 19. Jh. begann man wieder aufzuforsten (www.new-forest-uk.co.uk).

Lyndhurst 16

Inmitten der Heide, umgeben von Wald, liegt der Hauptort des New Forest. Jugendstilfans sollten die neugotische Kirche aufsuchen: sie schmücken Glasfenster von Edward Burne-Jones und Wandbilder von Lord Leighton.

Das **New Forest Museum & Visitor Centre** am Hauptparkplatz bietet neben einer audiovisuellen Einführung in die Geschichte der Region auch Karten (SO43 7NY, Museum tgl. 10–17 Uhr). Im Gebäude des Visitor Centre hat auch das **TIC** von Lyndhurst seine Räume (Tel. 023-8028 2269; www.newforestmuseum.org.uk und www.thenewforest.co.uk).

Zwischenstopp: Restaurant

The Oak Inn ●–●●
Angenehm schlichtes Pub mit gutem Essen im Dorf Bank etwas südwestlich von Lyndhurst, besonders empfehlenswert sind die Desserts.
▌ Pinkney Lane | Bank SO43 7FE
▌ Tel. 023-8028 2350
▌ www.oakinnlyndhurst.co.uk

Aktivitäten

Ford Farm Stable
Im Reitstall 6 km südlich von Lyndhurst, etwas außerhalb von Brockenhurst, wird Unterricht für Anfänger gegeben. Fortgeschrittene haben kilometerlange Reitwege vor der Tür.
▌ Burley Road | Brockenhurst SO42 7TB
▌ Tel. 01590-623 043
▌ www.fordfarmstables.co.uk

Fahrradverleih AA Bike Hire
▌ Fernglen | Gosport Lane
▌ Lyndhurst | SO43 7BL
▌ Tel. 023-8028 3349
▌ www.aabikehirenewforest.co.uk

Beaulieu 🔟

Am Rand des New Forest liegt Beaulieu (sprich: »Bjuulih«). In dem Bilderbuchdorf schwimmen Enten und Gänse auf dem Dorfteich, an dem auch einer der wohl bekanntesten englischen Landsitze steht.

Seine Reputation liegt im telegenen Charme von Lord Montagu of Beaulieu und der Freimütigkeit, mit der er bekennt, um jeden Penny froh zu sein, den das zahlende Publikum einbringt. Und das will in erster Linie sein **National Motor Museum** mit der umfangreichen Kollektion von Oldtimern und anderen Fahrzeugen sehen (tgl. 10–18, Okt. bis Mai 10–17 Uhr; £ 20; Tel. 01590-612345; www.beaulieu.co.uk).

Hotels/Restaurants

Montagu Arms Hotel ●●●
Countryhouse aus dem 18. Jh mit Kamin, Eichenverkleidung und Kuschelsofas. 22 romantische Zinmer und mehrfach preisgekröntes Restaurant.
- Beaulieu | SO42 7ZL
- Tel. 01590-612 324
- www.montaguarmshotel.co.uk

Straßenszene in Beaulieu

The Master Builder's ●●
Hotel, Restaurant und im Sommer BBQ. In dem Backsteinbau lebten im 18. Jh. die Erbauer von Admiral Nelsons Flotte.
- Buckler's Hard
- Beaulieu Estate | SO42 7XB
- Tel. 0844-815 3399
- www.themasterbuilders.co.uk

Aktivitäten

Kajaktouren und andere Aktivitäten bietet **New Forest Activities** an (The Old Forge, Beaulieu, Tel. 01590-612 377, www.newforestactivities.co.uk).

Lymington 🔟

Bereits um 1200 zum freien Hafen erklärt, hatte Lymington ehedem Bedeutung als Zentrum des Bootsbaus und der Meersalzgewinnung. Um die Wende vom 18. zum 19. Jh. mauserte es sich dann zum beliebten Seebad gehobener Stände. Kein Wunder, dass der Ort (14 330 Einw.) heute einen so wohlhabenden Eindruck macht.

Info

Tourist Information Point
- St Barbe Museum
- New Street | SO41 9BH
- Tel. 01590-676 969
- www.thenewforest.co.uk

Hotel/Restaurant

The Mill at Gordleton ●●●
Zauberhafter Luxus in einer alten Mühle. Restaurant mit Terrasse am Fluss, Gourmetküche mit britischer Note.
- Silver St. im Dorf Hordle, 3 km westl. von Lymington | SO41 6DJ
- Tel. 01590-682 219
- www.themillatgordleton.co.uk

Portsmouth 19

Das Interessanteste an der Stadt (210 000 Einw.) ist ihr Hafen, denn ein Großteil des historischen Stadtkerns wurde im Zweiten Weltkrieg zerstört. Nördlich des Fährhafens zur Isle of Wight liegt die sehenswerte ***Royal Naval Base (Historic Dockyards)**. Seit dem 15. Jh. ankert die Flotte der britischen Kriegsmarine in Portsmouth. Die höchst beeindruckende »HMS Victory« war 1805 in der Seeschlacht von Trafalgar Admiral Nelsons Flaggschiff – er selbst kam in dieser Schlacht um. Die »Mary Rose«, das stolzeste Schiff Heinrichs VIII., sank 1545 vor seinen Augen und wurde erst nach 437 Jahren samt seinem historisch unschätzbar wertvollen Inhalt gehoben. In einem nagelneuen Museum ist es zu bestaunen (April bis Okt. tgl. 10–18, Nov.–März tgl. 10 bis 17.30 Uhr, letzter Einlass jeweils 90 Min. vor Schließung; www.historicdockyard.co.uk). Freien Zutritt gibt es zu den historischen Docks, Schiffsbesichtigungen und Museen kosten £ 26, Familien £ 72. Die ein Jahr lang gültigen Tickets berechtigen zu mehrmaligem Eintritt.

Auf dem Landvorsprung in Portsmouth Harbour, 5 km westlich von Portsmouth, steht **Portchester Castle** mit einem weitgehend erhaltenen römischen Kastell (tgl., April bis Sept. 10–18, sonst bis 16 Uhr).

Shopping

Nur wenige Minuten von den historischen Docks entfernt liegt direkt am Wasser das neue Shopping Centre **Gunwharf Quays** mit 85 Designerläden, Bars, Restaurants und dem neuen Wahrzeichen der Stadt, dem 170 m hohen **Spinnaker Tower**. Er bietet von seinen drei Besucherebenen eine herrliche Aussicht (tgl. 10–18 Uhr; £ 7,55).

Ausflüge ab Portsmouth

**Arundel 20

Wie aus einem Ritterroman wirkt das Städtchen (2700 Einw.), 35 km westlich von Brighton. Verwinkelte Gassen voller Antiquitätengeschäfte, Teestuben und Pubs winden sich pittoresk zur massiven **Burg** hinauf (April–Okt. Di–So 10–17 Uhr; www.arundelcastle.org). Die Herzöge von Norfolk, ein katholisches Adelsgeschlecht, haben hier ihren Stammsitz. Der neugotische Dom (19. Jh.) ist ebenfalls katholisch.

Von Arundel lohnt sich ein Abstecher in die nur wenig nördlich gelegenen idyllischen Dörfer in den South Downs: **Amberley** und **Bury** – auch, um einen der dortigen Pubs zu besuchen.

Info

Visitor Centre
- 1–3 Crown Yard Mews
- River Road | Arundel | BN18 9JW
- Tel. 01903-882 268
- www.arundel.org.uk

**Petworth House und Park 21

»Das Haus streckt gewissermaßen die Ellenbogen mitten in den Ort«, schrieb der unermüdliche Reisende

Daniel Dafoe zu Petworth House, und meinte damit die Mauern um das Grundstück, hinter denen sich ein 1688–1696 im französischen Monumentalstil errichtetes Palais verbirgt. Die drei Stockwerke hohe Fassade ist über 90 m breit, das Innere vollgestopft mit Kunstschätzen. Umgeben wird es von einem 280 ha großen Park, einem Meisterwerk von »Capability« Brown.

Der dritte Earl of Egremont war ein großzügiger Mäzen, der z. B. William Turner einlud, im Haus zu malen. Die Kunstsammlung umfasst neben 20 Werken von Turner auch Gemälde von Tizian, van Dyck, Reynolds, Gainsborough und Blake sowie antike Skulpturen und die um 1690 von Grinling Gibbons für das Haus gefertigten Schnitzarbeiten (Park: 10.30–18 Uhr; Haus nur Mitte März–Okt. Sa–Mi 11 bis 17 Uhr; Eintritt £ 12).

****Isle of Wight** 22

Mit 381 km² Fläche und 104 km Küste ist die Insel ein überschaubares Gebiet, das trotzdem genug Abwechslung für mehrere Tage Aufenthalt bietet. Große Teile der wild zerklüfteten Küstenlandschaft mit ihren tollen Sandstränden und kilometerlangen Wanderwegen gehören dem National Trust. Berühmt ist die Insel auch für ihre sommerlichen Regatten.

Info

Isle of Wight Tourism
▪ County Hall | High Street
▪ Newport | PO30 1UD
▪ Tel. 01983-813 818,
  Hotelbuchung: 01983-813 813
▪ www.islandbreaks.co.uk
  www.visitisleofwight.co.uk

Verkehr

▪ **Fähren: Wightlink** (Tel. 0871-376 1000, aus dem Ausland: 0044-(0)23-9285 5230 (8–20 Uhr), www.wightlink.co.uk): Portsmouth–Ryde (Katamaran-Passagierfähre, 22 min.), Portsmouth–Fishbourne (Autofähre, 40 min.) und Lymington–Yarmouth (Autofähre, 30 min.); **Red Funnel** (Tel. 0844-844 9988, aus dem Ausland: 0044-(0)845-155 2442, www.redfunnel.co.uk): Southampton–West Cowes (Red Jet High-Speed Passagierfähre, 23 min.), Southampton–East Cowes (Autofähre, 55 min.); **Hovertravel** (Tel. 08434-87 88 87, www.hovertravel.co.uk): Portsmouth (Southsea)–Ryde (Hovercraft Passagierfähre, 10 min.)
▪ **Busse: Southern Vectis** (Tel. 01983-827 000, Fahrplanauskunft: 0871-200 2233, www.islandbuses.info): Busnetz auf der ganzen Insel.

***Osborne House**

Königin Victorias Privatresidenz östlich von Cowes an der Nordküste der Isle of Wight entwarf ihr Prinzgemahl Albert zusammen mit dem Baumeister Thomas Cubitt im Stil einer italienischen Renaissancevilla. Das von der Organisation English Heritage betreute Haus liegt wunderschön in ausgedehnten Gärten mit Blick auf den Solent in Richtung Festland. Das Innere ist voll mit Kostbarkeiten jeder erdenklichen Stilrichtung und Gastgeschenken aus den Kolonien. So ist z. B. der »Durbar Room« einem indischen Festsaal nachempfunden. (Haus und Gärten: April–Sept. tgl. 10–18, Haus bis 17, Okt. bis 16 Uhr. Im Winter nur mit gebuchter Führung Mi–So 10–16 Uhr; Eintritt £ 13.)

Ebenso interessant sind die Familienporträts und -fotos, die belegen, wie eng die britische Monarchie mit deutschen Adelshäusern verbunden war (es wimmelt geradezu vor Namen wie Brandenburg-Ansbach und Mecklenburg-Strelitz) und wie sehr Victoria über ihre neun Kinder und deren Nachkommen Einfluss auf die Dynastien Europas nehmen konnte: Kaiser Wilhelm II. war ihr Enkel, ihre Enkelinnen Maud, Alex, Margaret und Victoria Eugenie heirateten Haakon VII. von Norwegen, Nikolaus II. von Russland, Gustav VI. von Schweden und Alfons XIII. von Spanien. Seit Kurzem kann man auch an Victorias Privatstrand baden, sich im Beach Cafe entspannen oder an Ferienwochenenden Aufführungen von Punch and Judy (eine Art Kasperletheater) sehen.

Cowes

Im hübschen Seglerparadies Cowes, das durch den Fluss Medina in East und West Cowes geteilt wird, bummelt man am besten durch die kopfsteingepflasterten Gassen am stets belebten Hafen von West Cowes. Im Ort dreht sich fast alles um den königlichen Jachtclub Royal Yacht Squadron und die von ihm ausgerichteten Regatten (z. B. den Admiral's Cup für Hochseejachten).

Newport und *Carisbrooke Castle

Das kleine **Newport** (18 500 Einw.) ist der Hauptort von Wight. Wer gerne einkaufen möchte, z. B. in den Antiquitätenläden der Watchbell

Im Garten von Osborne House versteckt sich ein Schweizer Häuschen

Lane, oder sich die Ausgrabungen der Newport Roman Villa in der Cypress Road ansehen will (April bis Okt. Mo–Sa 10.30–16, Juli/Aug. auch So 12–16 Uhr; www.iwight.com/museums), sollte hier Station machen. Auch die Viertel um die zentrale High Street und die eleganten Häuser aus dem 18./19. Jh. an den Ufern des Flusses Medina sind von Interesse.

Die eigentliche Touristenattraktion aber liegt 1,5 km südwestlich des Orts auf einem Hügel mit schönen Ausblicken über die Insel: **Carisbrooke Castle.** Die eindrucksvolle Burg, in der Karl I. gefangen gehalten wurde, stammt aus normannischer Zeit, wurde jedoch bis ins 18. Jh. als Festung instandgehalten, weshalb die Brunnen innerhalb der Mauern besonders wichtig waren. Bis heute wird Besuchern vorgeführt, wie **Erst-klassig** ein Esel in einer Tretmühle den Wassereimer heraufzieht (Castle samt Museum: tgl., April bis Sept. 10–17, sonst 10–16 Uhr; www.carisbrookecastlemuseum.org.uk).

Die Südküste

An der schönen Südküste reihen sich die betulichen, im Hochsommer überlaufenen Seebäder Sandown, Shanklin und Ventnor auf.

In **Sandown** kann man Fahrräder mieten (1st Call, 15 Marsh Close, Tel. 01983-400 055; www.1stcallhire.com) – nicht die schlechteste Art, die Insel zu erkunden. Ausklingen kann der Tag dann in der Driftwood Beach Bar am Strand von Sandown (Culver Parade, www.driftwoodbeachbar.com).

Am Dunroamin Beach zwischen Sandown und **Shanklin** bietet das Zentrum Wight Water Adventure Sports Surfing- und Canoeing-Unterricht (Tel. 01983-404 987; www.wightwaters.com). **Erst-klass**

Sollte das Wetter nicht zum Baden am Strand von **Ventnor** einladen, lohnt der Besuch des Botanischen Gartens, dessen Palmen- und Kräutergarten noch aus der Zeit stammen, als hier ein Lungenhospital seine Patienten kurierte (The Undercliffe Drive; www.botanic.co.uk; tgl. 10–17 Uhr bzw. Sonnenuntergang; Eintritt £ 5).

An der Südspitze der Insel, westlich des St Catherine's Point, erreicht man die dramatische Schlucht **Blackgang Chine**, über der sich ein lärmender Vergnügungspark mit Piratenschiff und Dino-Park erstreckt (tgl. 10–17, in den Ferien bis 18 Uhr, Nov.–März geschl.; Eintritt £ 14,95, 4 Personen £ 55; www.blackgangchine.com).

Danach eröffnet die Küstenstraße wieder weite Ausblicke, die zum Anhalten anregen. Am Fuß der Klippen der **Compton Bay** erstreckt sich ein schöner Badestrand. **Erst-klass**

Schroff und steil ragen an der Westspitze eine Reihe spitzer Kreidefelsen weit ins Meer hinaus: **The Needles** sind das Wahrzeichen der Isle of Wight und als solches leider vom Rummel des Neeldes Pleasure Park verunziert. Schön ist eine Wanderung entlang der Klippen von der Freshwater Bay zum Aussichtspunkt, sie eröffnet auch eine gute Sicht auf die Alum Bay mit ihren farbigen Sandsteinschichten.

The Needles, das Wahrzeichen der Isle of Wight

Hotels

Bedford Lodge ●●
Sehr schöne Traditionspension mit sonnigem Garten und erstklassigem Frühstück.
- ▌ 4 Chine Avenue | Shanklin Old Village
- ▌ Tel. 01983-862416
- ▌ www.bedfordlodge.co.uk

Wight Mouse Inn ●●
Eines der kinderfreundlichsten Gasthäuser der Insel mit großem Spielplatz und Garten und Ponyreiten. Gutes Essen im Restaurant mit Kamin; erstaunlich ruhige Unterkunft.
- ▌ Church Place | Chale PO38 2HA
- ▌ gegenüber dem Eingang
  zur Blackgang Chine
- ▌ Tel. 01983-730 431
- ▌ www.wightmouse.co.uk

Yarmouth

Das wuchtige **Yarmouth Castle** beherrscht diesen attraktiven Hafen an der Nordküste der Insel. Die 1549 unter Heinrich VIII. erbaute Küstenfestung bietet eine anschauliche Einführung in dessen Verteidigungspolitik und schöne Ausblicke zum ebenfalls zur Strategie gehörigen **Hurst Castle,** das gegenüber auf dem Festland den Solent bewacht.

Hotel/Restaurant

The George Hotel ●●●
Der Bau aus dem 17. Jh. beherbergt eines der meistgelobten Restaurants der Region. Holzgetäfelte Zimmer, stattliche Eingangshalle und Terrasse zum Wasser.
- ▌ Quay Street
- ▌ Yarmouth | PO41 0PE
- ▌ Tel. 01983-760 331
- ▌ www.thegeorge.co.uk

Fahrradverleih

Wight Cycle Hire
- ▌ The Old Works | Station Rd
- ▌ Yarmouth | PO41 0QU
- ▌ Tel. 01983-761 800
- ▌ wightcyclehire.co.uk

Winchester Cathedral

Winchester 23

Die Stadt (41 500 Einw.) lebt von ihrer stolzen Geschichte und war von der Besiedlung durch die Römer um 70 n. Chr. bis ins 13. Jh. unter normannischer Herrschaft eines der Machtzentren Englands und eine bedeutende Handelsmetropole. Erst allmählich wurde sie zu dem angenehmen und als Reiseziel beliebten Provinzort, wie man ihn heute antrifft.

Kathedrale

Mittelpunkt der Stadt ist der Bezirk um **Winchester Cathedral**. Der Grundstein der Kirche wurde 1079 gelegt, die Querschiffe enthalten noch normannische Teile. Weitere Bauabschnitte wurden um 1200, zwischen 1350 und 1400 sowie in der zweiten Hälfte des 15. Jhs. in

Angriff genommen. Die tückische Bodenbeschaffenheit, die sich immer wieder in Wassereinbrüchen bemerkbar machte, verhinderte hohe Türme: 1107 stürzte der erste Vierungsturm ein, 1905 mussten die Fundamente mit Beton untergossen werden. Der Taucher William Walker wird mit mehreren Büsten geehrt. Dennoch gilt die Kathedrale als einer der großartigsten Sakralbauten Englands. Im Sommer finden oft Konzerte statt. (9.30–17, So 12.30–15 Uhr, Eintritt £ 7,50, Führungen stündlich; www.winchester-cathedral.org.uk).

Die Altstadt

Westlich der Kathedrale, jenseits der Southgate Street, erhebt sich die 1222–1236 unter Heinrich III. errichtete **Great Hall**. Dieser letzte erhaltene Teil des Königspalasts mit seinen eleganten Säulen und dem gusseisernen Tor, das der Hochzeit von Charles und Diana gedenkt, ist höchst sehenswert (tgl. 10 bis 17 Uhr, Spende erbeten), aber die meisten Besucher kommen wegen des Round Table, der Tischplatte, die der Tafelrunde von König Artus › **S. 105** gedient haben soll. In Wahrheit stammt sie aus dem ausgehenden 13. Jh., als die englische Krone sich der Artussage zu politischen Zwecken bemächtigte – die Tafelrunde symbolisiert die nationale Einheit und Standhaftigkeit.

Im Süden des Kathedralbezirks liegen die malerischen Gebäude der **Pilgrim's School,** der Schule für die Knaben des Domchors. Am fotogenen Fachwerkbau **Cheyney Court** vorbei und durch das mittelalter-liche Kingsgate, gelangt man zum Haus 8 College Street, in dem Jane Austen starb (sie liegt in der Kathedrale begraben), und dann zum ***Winchester College,** einer der ersten »public schools«, älter (und feiner) als Eton, 1382 von William of Wykeham gegründet. Damals waren diese Schulen tatsächlich öffentlich, erst später entwickelten sie sich zu den elitären Privatschulen. Es werden ganzjährig Führungen für Besucher angeboten (www.winchestercollege.org/guided-tours).

Die Museen

Die Stadtväter von Winchester behaupten, dank extensiver Ausgrabungs- und Forschungsarbeit besitze keine andere europäische Stadt heute so genaue Kenntnisse über ihre Vergangenheit. Ob das stimmt, lässt sich in mehreren Einrichtungen nachprüfen: Das **Westgate Museum** im alten Westtor der Stadtmauer zeigt u.a. mittelalterliche Waffen und Rüstungen (High Street; April–Okt. Sa 10–17, So 12 bis 17, Febr./März Sa 10–16 Uhr, So 12–16 Uhr, Eintritt frei), während das **City Museum** auf drei Stockwerken interessante Exponate zur Stadtgeschichte ausstellt (Mo–Sa 10–17, So 12–17 Uhr, Nov.–März Di–Sa 10–16, So 12–16 Uhr, Eintritt frei).

Info

Tourist Information Centre (TIC)
▮ Guildhall | High Street | SO23 9GH
▮ Tel. 01962-840 500
▮ www.visitwinchester.co.uk

SEITENBLICK

Highclere Castle

Es bedarf schon einer international erfolgreichen Fernsehserie, um im 21. Jahrhundert einen Familienwohnsitz aus 300 Zimmern, davon alleine 80 Schlafzimmern, und 3200 ha Grund und Boden vor dem Verfall zu retten. Für das Schloss der Grafenfamilie von Carnarvon, etwa 35 km nördlich von Winchester gelegen, wurde dieses Märchen wahr. Ihr Zuhause, Highclere Castle, im 19. Jh. von Charles Barry, dem Architekten der Houses of Parliament gebaut, wurde zum Schauplatz für das Adelsepos Downton Abbey und damit schlagartig einem Millionenpublikum bekannt. Bis dato diente es Besuchern vor allem als romantische Hochzeitslocation, nun kommt der imposante Renaissancebau zu neuem Ruhm und touristischen Ehren. Wer wollte sich nicht nur einmal im Leben für nur einen Moment wie Lady Mary fühlen? Auf die Bedienung durch den Butler müssen sowohl die Besucher als auch die Besitzer inzwischen allerdings verzichten. Ins Haus gelangt man nur per Führung, und der Andrang ist so groß, dass es ratsam ist, sich die Karten lange vorab übers Internet zu kaufen. Sehenswert ist übrigens auch die ägyptische Ausstellung (überwiegend Replikas), die ihre Existenz dem Umstand zu verdanken hat, dass die Hausherren einst die Expedition ins Tal der Könige zum Grab von Tutanchamun finanziert haben (Mitte Juli–Mitte Sept. So–Do 10.30 bis 15.30 Uhr und in den Schulferien, www.highclerecastle.co.uk).

121

Stadtführungen Mai–Juli und Sept.
Mo–Sa 11 und 14.30, So 11.30 Uhr;
August Mo–Sa 10.30, 12 und
14.30 Uhr, So 11.30 Uhr; Okt. Mo–Fr
11 Uhr, Sa 11 und 14.30 Uhr, im Winter nur Sa 11 Uhr.

Hotel/Restaurant

The Wykeham Arms ●●–●●●
Das 250 Jahre alte Gasthaus bietet alles, was das Herz begehrt: freundliche Aufnahme, mehrere Sorten Tee und hervorragenden Cappuccino, gepflegte Ales und Weine, gutes Essen (ab 11 Uhr durchgehend geöffnet) sowie 14 opulente Gästezimmer.

75 Kingsgate St. | SO23 9PE
Tel. 01962-853 834
www.wykehamarmswinchester.co.uk

Ausflüge von Winchester

10 ***Windsor Castle** 24

Die imposante, mittelalterlich wirkende Festung, Symbol des englischen Königtums, ist von Winchester über die Autobahn in etwa einer Stunde zu erreichen. Seit normannischer Zeit wurde das königliche Schloss über der Themse immer weiter ausgebaut und kontinuierlich von den Monarchen bewohnt. Windsor bietet viele Besichtigungsrundgänge, manche jedoch nur, wenn die Queen gerade nicht in ihrer Lieblingsresidenz weilt.

Neben mehreren Prunkräumen zählen Queen Mary's Puppenhaus und die hochgotische **St. George's Chapel** (14. Jh.) zu den Höhepunkten einer Schlosstour, hier ruht u. a.

die 2002 verstorbene, höchst beliebte Königinmutter. Im April 2005 feierten Prinz Charles und Camilla hier ihre Hochzeit.

Info

Öffnungszeiten: März–Okt. tgl. 9.45 bis 17.15, Einlass bis 16 Uhr, Nov. bis Feb. 9.45–16.15, Einlass bis 15 Uhr
Wachablösung *(Changing the Guard)* April–Juli Mo–Sa 11 Uhr, sonst nur jeden zweiten Tag
24-Std.-Info-Hotline: 01753- 831 118
Eintritt inkl. State Apartments und Audioguide £ 17,75
www.royalcollection.org.uk/visit/windsorcastle

*RHS Wisley Gardens 25

In die Nr. 1-Gartenanlage der Royal Horticultural Society (RHS) fährt man von Winchester aus ebenfalls etwa eine Stunde. Diese renommierteste Gartenbaugesellschaft der Welt pflegt Wisley als Schau- und Versuchsgarten in einem. Eine unglaubliche Pflanzenvielfalt und modernes Gartendesign begeistern nicht nur Profis.

Info

Woking | GU23 6QB
April–Okt Mo–Fr 10 bis 18, Sa–So ab 9, sonst nur bis 16.30 Uhr
Eintritt £ 10,75
www.rhs.org.uk/Gardens/Wisley

Rosenpracht: Die Gärten von Sissinghurst Castle gehören zu den schönsten ganz Englands

Der Südosten

Das Beste!

»Garten Englands« nennt man die Grafschaften in Englands Südosten, mit mächtigen Castles und verträumten Küstenorten. In Canterbury ragt die ehrwürdige Kathedrale empor, das Seebad Brighton glänzt mit prachtvoller Regency-Architektur.

Die mondäne Südküste Ostenglands bietet zwar überwiegend Kiesstrände, lockt aber viele Touristen und Sprachenschüler an. Inbegriff des englischen Seebades ist Brighton mit seinem Pier und dem Palast aus Tausend und einer Nacht. Im Hinterland ziehen sich mit den North und South Downs Hügelketten aus Kreide von West nach Ost, die bei Dover zu den charakteristischen Kreideklippen erodiert sind. Im Landesinneren verstecken sich Dörfer, Burgen und Landhäuser wie aus dem Bilderbuch. Geschichte kann man hier an Originalschauplätzen nachspüren: Bei Hastings

landete Wilhelm der Eroberer und schuf 1066 ein einheitliches Königreich, das im Wesentlichen bis heute fortbesteht. Im mittelalterlichen Canterbury etablierte der heilige Augustinus das Christentum, und das Erzbistum ist noch immer Primas der anglikanischen Kirche. Auf dem Weg zu diesem Publikumsmagneten fährt man durch bezaubernde Örtchen, vorbei an Obstplantagen und Gemüsefeldern, die insbesondere die Grafschaft Kent zum Garten Englands machen. Kein Wunder, dass sich der Adel hier die schönsten Schlösser und Gartenanlagen schuf.

Touren in der Region

Brighton, Südküste und Hinterland

Tour 10

Tour-Übersicht:

Verlauf: Brighton › Seven Sisters › Beachy Head › Hastings › Sheffield Park › Ditchling › Brighton

Dauer: 3 Tage

Praktische Hinweise:

▪ Nehmen Sie Wanderschuhe mit, die Seven Sisters sollte man erlaufen.

Tour-Start:

Ausgangspunkt für diese Tour, die die spektakuläre Klippenlandschaft des Nationalparks South Downs mit Besichtigungen unterschiedlichster Kulturstätten verbindet, ist das Seebad **★★Brighton** › S. 127. Hier sollten Sie einen ganzen Tag verbringen, an der Promenade spazieren und durch die Gassen der Lanes bummeln. Am nächsten Morgen geht es dann Richtung Osten zu den Kreideformationen der **Seven Sisters** › S. 130, die man am besten vom Coastal Path aus bewundert.

Brighton Pier, ein Wahrzeichen der Stadt

Schwindel regt sich nur wenige Kilometer weiter östlich auf den hohen Klippen bei **Beachy Head** › S. 130. Entlang der normannischen Bucht erreichen Sie am Nachmittag **Hastings** › S. 130 mit seiner 5 km langen Strandpromenade und hübschen Altstadt, wo die Fischer in schmalen, hohen Brettergebäuden ihre Netze zum Trocknen aufhängen. Der nächste Morgen steht ganz im Zeichen von »1066«, dem Jahr in dem Wilhelm aus der Normandie England eroberte. Die Schlacht fand 10 km landeinwärts in **∗Battle** › S. 131 statt. Hier gründete Wilhelm nach seinem Sieg eine Abtei, in der heute die Hintergründe zum wichtigsten Datum der englischen Geschichte zu erfahren sind. Die Hügellandschaft des South Downs Nationalparks wird Sie einstimmen auf den großen **Sheffield Park Garden** › S. 130, entworfen von »Capability« Brown. Von hier geht es noch einmal durch die South Downs ins Bilderbuchdorf **Ditchling** › S. 130, wo sich ein Aufstieg auf den Hügel Beacon lohnt. Der Ausgangspunkt **Brighton** ist dann nur noch wenige Kilometer entfernt.

Canterbury, Schlösser und Gärten

Tour-Übersicht:

Verlauf: Canterbury › **Leeds Castle** › **Sissinghurst** › **Rye** › **Great Dixter** › **Bodiam Castle** › **Scotney Castle** › **Tunbridge Wells** › **Penshurst** › **Hever Castle** › **Chilham** › **Canterbury**

Dauer: 4 Tage
Praktische Hinweise:
■ Fans historischer Dampfloks können auch von Tenterden mit der historischen Schmalspurbahn der Kent & Sussex Railway bis nach Bodiam Castle fahren.

Auf dieser Rundfahrt erlebt man neben der landschaftlichen Vielfalt der Region eine der schönsten und bedeutendsten Kathedralen des Landes, prächtige Schlösser voller Geschichte und Geschichten, intime Gärten und herrschaftliche Parkanlagen.

Tour-Start:

Der erste Tag ist ****Canterbury** › S. 134 gewidmet, wo die ehrwürdige Kathedrale einen beeindruckenden Höhepunkt der entzückenden und sehr lebendigen Altstadt darstellt. Tags darauf führt die Tour durch die Hopfenfelder und Obstplantagen Kents zur Königin der Burgen und der Burg vieler Königinnen, ****Leeds Castle** › S. 138, »the lovliest castle in the world«. Die Gärten von ***Sissinghurst** › S. 138 sind das Werk einer extravaganten Schriftstellerin, die vor allem mit ihrem Konzept vom weißen Garten Berühmtheit erlangte. Von hier fahren Sie durch den Weald, ein historisches Waldgebiet, in das malerische ehemalige Schmugglerörtchen ****Rye** › S. 131, wo Sie übernachten. Am nächsten Vormittag wird Sie die Gartenanlage von ***Great Dixter**

Touren in der Region

› S. 134 mit ihrer faszinierenden Symbiose aus Natur und Architektur verzaubern. Märchenhaft sind auch die Burgruinen **Bodiam Castle › S. 138 und *Scotney Castle › S. 138, zwei in Landschaftsparks eingebettete Wasserschlösser. Sie übernachten stilecht in Royal Tunbridge Wells › S. 133, einem Kurbad, das im 18. Jh. mit Bath und Brighton zu den elegantesten des Landes zählte. Auf dem Weg nach Hever Castle lohnt sich am nächsten Morgen ein Stopp im niedlichen Dorf Penshurst, das einen Landsitz aus dem 14. Jh. in einem weitläufigen Park im Tudorstil beherbergt (www.penshurstplace.com). *Hever Castle › S. 138, wo die zweite Gattin Heinrichs VIII., Anne Boleyn, das Licht der Welt erblickte, ist ein Anfang des 20. Jhs. restauriertes Wasserschloss inmitten herrlicher Gärten. Auf dem Rückweg nach Canterbury fahren Sie am besten über Ashford und dann auf der A 28, durchs Tal des Stour, um im schönen Ort Chilham › S. 136 einen der hübschen Pubs aufzusuchen oder durch die Antiquitätenläden zu bummeln.

Unterwegs im Südosten

**Brighton 1

Um die Mitte des 18. Jhs. wurde in Brighton der Gedanke geboren, dass Meerwasser eine gesundheitsfördernde Wirkung haben könnte. Nachdem der Thronfolger, der spätere Prinzregent und König Georg IV., seit 1783 regelmäßig in das einstige Fischerdorf reiste und sich die Stadt vom Hofbaumeister John Nash umgestalten ließ, löste der Kurort das bis dahin favorisierte Bath als Hauptstadt des begüterten Müßiggangs ab. Brighton (zusammen mit Hove 273 000 Einw.) bietet den Besuchern heute eine vielfältige Auswahl an Pubs und Clubs, unter anderem gefördert durch die große etablierte Lesben- und Schwulenszene am Ort. Jedes Jahr im Mai findet auch ein renommiertes Kulturfestival statt.

Zwar wurde in den letzten Jahren viel saniert, sodass die Strandpromenade und ganze Straßenzüge in der Innenstadt in neuem Glanz erstrahlen. Doch an der prächtigen Regency-Architektur mit ihren einheitlichen cremefarbenen Häuserfronten nagt wie eh und je die salzige Luft. Paradestück ist der Brunswick Square am Ostrand von Hove. Noch grandioser konzipiert ist das etwas weiter westlich gelegene, leicht geschwungene Ensemble vom Adelaide Crescent.

Die Piers

Der Brighton Pier von 1899 ragt über 500 m weit ins Meer hinaus und beherbergt neben verspielten gusseisernen Unterständen und Zierbögen v.a. einen Theatersaal sowie ein wahres Dorado für Freunde von Spielautomaten und Naschwerk: den Palace of Fun (www.brightonpier.co.uk). An schönen Sommerwochenenden und Feiertagen wird es zur Mühsal, sich hier durchs Gewühl zu kämpfen. Dann ist auch das benachbarte **Sealife Centre** mit seinen Aquarien voller interessanter Meeresbewohner gut besucht (tgl. 10–17 Uhr, Nebensaison nur bis 16 Uhr, www.visitsealife.com/Brighton).

Wer sich vom Pier auf der Promenade ostwärts wendet, kommt zum **Brighton Wheel**, einem 50 m hohen Riesenrad (tgl. 10–21 Uhr, Fr/Sa bis 23 Uhr, www.brightonwheel.com). Westwärts trifft man in den frisch renovierten Betonbunkern der Strandanlagen auf Künstlerstudios und das **Fischereimuseum**. Spielplätze und Volleyballfelder säumen die Promenade, wo auch nette Strandcafés und Bars liegen. Jenseits der breiten Straße ragen die großen Hotels auf – eindrucksvoll wirkt die reich gegliederte Fassade des luxuriösen Grand Hotel.

Westlich des Brighton Pier rostet der ältere der beiden Vergnügungspiers Brightons vor sich hin, der **West Pier**. Er soll bis 2015 durch die 175 m hohe Aussichtsplattform »i360« ersetzt werden.

Die *Lanes

In den Lanes, einem Gewirr enger Gassen und Durchgänge des alten Fischerviertels, schlägt das Herz aller Liebhaber von Kunst und Trödel höher. Vor allem Juweliergeschäfte haben hier ihr Auskommen. Wer Erschwingliches und Ausgefalleneres sucht, sollte durch die **North** Laine bummeln, wo eher die Subkultur angesiedelt ist.

Royal Pavilion und Museum & Art Gallery

Wer im Norden aus der Enge der Lanes heraustritt und die breite Einkaufsstraße North Street überquert, muss sich auf einen Schock gefasst machen: der ***Royal Pavilion** in seiner pseudo-orientalischen Pralinenarchitektur ist nicht leicht zu verkraften. Als George IV. an der Wende zum 19. Jh. der damaligen Orientmanie erlag, ließ er erst das Innere des einst schlichten Stadtpalais mit Chinoiserien und indischen Preziosen anfüllen, ehe ihm der sonst für klare Formen bekannte John Nash 1815–1822 den heutigen Bau errichtete (tgl. April–Sept. 9.30 bis 17.45, sonst 10–17.15 Uhr; £ 10.50, www.royalpavilion.org.uk).

Neben dem Pavillon präsentiert die städtische **Museum & Art Gallery** bemerkenswerte Stücke angewandter Kunst wie das Sofa in Lippenform von Salvador Dalí und Edward James sowie Grafik des Art déco und Art nouveau (Di–So 10–17 Uhr, Eintritt frei).

Info

Tourist Information Centre (TIC)
▪ Am Royal Pavilion
▪ 4–5 Pavilion Buildings | BN1 1EE
▪ Tel. 01273-290 337 (national)
▪ www.visitbrighton.com

Hotels

Grand Hotel ●●●
Das feinste der eher altmodischen Großhotels mit Strandblick. Hier genießen

auch Staatsoberhäupter viktorianisches Brighton-Flair.

- King's Road | BN1 2 FW
- Tel. 01273-224 300
- www.devere-hotels.co.uk/hotel-lodges/locations/the-grand.html

Sea Spray ●—●●●

Boutiquehotel an hübschem Platz mit Regency-Architektur. Thematisch eingerichtete Zimmer (z.B. Marrakesch, Venedig). Preise saisonal sehr unterschiedlich.

- 26 New Steine, BN2 1PD
- Tel. 01273-680 332
- www.seaspraybrighton.co.uk

myhotel Brighton ●●

Sehr individuelles Feng-Shui-Hotel in der North Laine, jedes Stockwerk in anderer Farbe, rundes Bett mitten im Zimmer, freies WLAN, MP3-Dockingstation, LCD-Fernseher.

- 17 Jubilee Street | BN1 2FG
- Tel. 0333-2409094
- www.myhotels.com/my-hotel-brighton/

Restaurants

English's Oyster Bar ●●

In dem Fischercottage mit Wandfresken lokaler Künstler werden seit mehr als 150 Jahren Meeresfrüchte und Fisch serviert. Auch VIPs wie Laurence Olivier und Charlie Chaplin haben hier schon gespeist.

- 29–31 East Street | BN1 1 HL
- Tel. 01273-327 980
- www.englishs.co.uk

Ginger Pig ●●

Elegantes Gastro-Pub in Hove, wenige Minuten vom Strand. Hohe Qualität zu mittleren Preisen, mit Außenterasse.

- 3 Hove Street | BN3 2TR
- Tel. 01273-736 123
- www.thegingerpigpub.com

Food for Friends ●—●●

Seit 1981 wird hier gleich bei den Lanes vegetarisch angerichtet; legere Atmosphäre und köstliches Essen.

- 17–18 Prince Albert Street | BN1 1HF
- Tel. 01273-202 310
- www.foodforfriends.com

Pubs

The Dorset Street Bar ●

Klassisches Pub, ein guter Platz in der North Laine für Frühstück, Kaffeepause oder ein Bier am Abend. Frz. Küche.

- 28 North Road | BN1 1YB
- Tel. 01273-605 423
- www.thedorset.co.uk

Cricketers ●

Gepflegte Biere, anständiger Lunch, viktorianischer Nippes: ein Pub wie er im Buche steht.

- 15 Black Lion Street | BN1 1ND
- Tel. 01273-329 472
- www.cricketersbrighton.co.uk

Royal Pavillion

Ausflüge ab Brighton

Seven Sisters 2 und Beachy Head

Zwischen Brighton und Eastbourne, wo das Meer spektakuläre Klippen geformt hat, verkehrt die Buslinie 13 X (stündlich zwischen 9.40 und 17.40 Uhr ab Brighton Station oder von der Haltestelle K am Sea Life Centre).

Aussteigen sollte man bei **Beachy Head,** dem mit knapp 170 m höchsten Kreidefelsen Südenglands. Der rot-weiße Leuchtturm warnt seit 1907 vor den gefährlichen Felsen. Von dem Panorama fasziniert, ließ Friedrich Engels hier seine Asche in alle Winde verstreuen.

Der Fernwanderweg South Down Way (128 km von Eastbourne nach Winchester) verbindet Beachy Head mit der Formation der **Seven Sisters** – die »sieben Schwestern« sind Kreidekliffs, voneinander getrennt durch jetzt trocken liegende einstige Flusstäler.

Ditchling 3

Der Bus 79 fährt jede Stunde ab Old Steine in Brighton und braucht etwa 30 Min. bis ins 15 km nördlich gelegene Dorf.

Das fotogene Ditchling überragt die rund 250 m hohe Bergkuppe Ditchling Beacon, den höchsten Punkt der South Downs. Ein idealer Ausgangspunkt zum Paragliden (Unterricht gibt Air Adventure Paragliding, Tel. 07870-394 118; www.airadventure.co.uk).

Erst-klassig

Ein gepflegtes Bier bekommt man im Pub **The Bull** (2 High Street; www.thebullditchling.com); Cream Tea servieren die hübschen Tea Rooms, etwa **Ditchling Tea Rooms** (6–8 West Street, BN6 8TS).

Sheffield Park Garden 4

Gut 25 km nördlich von Brighton an der A 275 liegt ein 40 ha umfassender Landschaftsgarten – geplant von »Capability« Brown, betreut vom National Trust. Im Frühjahr bezaubern Narzissen und Azaleen, im Herbst spiegelt sich die bunte Laubfärbung in den verschiedenen Seen (tgl. Febr.–Okt. 10.30 bis 17.30 Uhr, Nov.–Febr. bis 16 Uhr; Eintritt £ 8,10).

Hastings 5

Der Ort (86 000 Einw.) ist ein für die Südostküste typisches Seebad mit viktorianischen Reihenhäusern und einem Pier. Hübsch ist die **Altstadt** und **The Stade** mit den schwarzen **Net Shops,** Holzhütten, in denen die Fischernetze getrocknet wurden und täglichem Fischmarkt. Neben dem Fishermen's Museum (Eintritt frei) stellt die renommierte Jerwood Gallery (Di-Fr 11-17 Uhr, Sa-So bis 18 Uhr, Eintritt £7) britische Kunst des 20. und 21. Jahrhunderts aus. Hastings führte einst den Vorsitz über die mittelalterliche Allianz der *Cinque Ports* und teilte ihr Schicksal: der Naturhafen versandete. Unbeeindruckt davon unterhalten die Fischer hier eine große Flotte, deren Boote vom Strand aus ausfahren.

Zu besichtigen ist **Hastings Castle,** wo die 20-minütige audiovisuelle »1066 Story« von Wilhelm dem

Eroberer und seinen Normannen berichtet (Ostern–Okt. tgl. 10 bis 17 Uhr, sonst Mo–Fr 10–15, Sa/So bis 16 Uhr).

Die berühmte Schlacht, die einst alles veränderte, fand allerdings 10 km landeinwärts statt, nämlich in **Battle** › unten.

Hotels und Restaurants

Swan House B & B ●●●
Gehobenes B & B in einem Fachwerkhaus aus dem 16. Jh. in der Altstadt. Hübscher Garten.
- 1 Hill Street | TN34 3HU
- Tel. 01424-430 014
- www.swanhousehastings.co.uk

Lavender And Lace ●●
Auch aus dem 16. Jh. im Altstadtkern und romantisch eingerichtet. Perfektes auch vegetarisches Frühstück.
- 106 All Saints Street | TN34 3BE
- Tel. 01424-716 290
- www.lavenderlace1066.co.uk

Pomegranate Food and Drink House ●
Fisch direkt aus den Netzen der Fischer, Wild vom Jäger in Battle, Gemüse von örtlichen Farmen. Maritimes Ambiente.
- 50 George Street
- Old Town | TN34 3EA
- Tel. 01424-429 221
- www.pomgranatehastings.co.uk

First in Last out ●
Mikrobrauerei in der Altstadt, die sich auf Bier und Cider spezialisiert. Di–Sa Lunch, Mo Tapas-Abende, oft Livemusik.
- High Street | TN34 3EY
- Tel. 01424-425079
- www.thefilo.co.uk

Die Mermaid Street in Rye

*Battle ⬛6

10 km nördlich von Hastings kann man das Schlachtfeld und die Ruine der von Wilhelm zum Andenken an seinen Sieg gegründeten Abtei besuchen. Die siegreiche Invasion etablierte eine neue königliche Linie und viele bis heute gültigen Traditionen in England. Ein Film, Audioguides und Informationstafeln stellen das Gemetzel und seine Folgen bildlich dar. (tgl. 10–18, Okt.–März bis 16 Uhr). Jedes Jahr am 14. Oktober wird die Schlacht historisch korrekt nachgespielt.

**Rye ⬛7

Aufgrund seiner Lage auf einem Hügel und den vielen Häusern aus dem 15. bis 18. Jh. an engen Kopfsteinpflastergassen wie der Mermaid Street könnte man meinen, ein mittelalterliches Disneyland vor

Erst- klassig

Blick über die Dächer von Rye

sich zu haben. Aber nein: Hier ist alles – oder fast alles – echt, nur gehen die Uhren ein bisschen anders, was man der Turmuhr von St. Mary's allerdings nachsieht: Ihre Quarterboys schlagen zur Viertel- und nicht zur vollen Stunde. Das schönste Bild bietet das Städtchen, wenn man von Osten her auf der A 259 kommt und dann vom Ufer des Flusses Rother ins Zentrum aufsteigt. Ab und zu sollte man sich umdrehen und den Blick hinaus auf die Marschen und die Rye Bay genießen, wie es der Autor Henry James tat. Der verliebte sich bei einem Besuch in den Ort und wohnte (mit Unterbrechungen) von 1897 bis 1916, seinem Todesjahr, im eleganten **Lamb House**, wo er u. a. seinen berühmtesten Roman, »The Ambassadors«, schrieb (West St.; Mitte März–Okt. Do, Sa 14–18 Uhr).

Info

Tourist Information Centre (TIC)

■ 4/5 Lion Street | TN31 7LB

■ Tel. 01797-229 049

■ www.rye-tourism.co.uk

Hotels und Restaurants

Rye Windmill B & B ●●—●●●

Edelunterkunft im Wahrzeichen von Rye, der alten Mühle. Urige Atmosphäre.

■ nahe Ferry Road | TN31 7DW

■ Tel. 01797-224 027

■ www.ryewindmill.co.uk

The Mermaid Inn ●●●

Berühmter Gasthof aus dem 15. Jh., um einen Innenhof gebaut; mit Restaurant und Familienzimmern.

■ Mermaid St. | TN31 7EY

■ Tel. 01797-223 065

■ www.mermaidinn.com

The Gallivant Hotel ●●●

7 km von Rye an der Küste gibt es im Beach Bistro dieses Hotels frischen Fisch aus Hastings, Michelin empfiehlt. Außerdem18 Zimmer.

■ New Lydd Road | Camber TN31 7RB

■ Tel. 01797-225 057

■ www.thegallivanthotel.com

Pub

Ypres Castle Inn ●

Einheimische kennen den 1640 eröffneten Pub als The Wipers. Man kann z. B.

Chili con Carne im Biergarten bestellen, für das Bratenessen am So reserviert man besser. Fr Livemusik.

▪ Gungarden | TN31 7HH
▪ Tel. 01797-223 248

Royal Tunbridge Wells 🎱

Der Ort (56 500 Einw.) ist in England zum Inbegriff konservativer Ehrbarkeit geworden: Die Absenderangabe »Disgusted of Tunbridge Wells«, zu Deutsch etwa »ein empörter Bürger aus …«, ist Synonym für anonyme Leserbriefe, die sich über die laxe Moral der heutigen Zeit beschweren.

Sehenswert in der hübschen, sauberen Kleinstadt sind v. a. die **Pantiles**. Diese Fußgängerzone mit ihren eleganten Kolonnaden, zahlreichen kleinen Läden und Teashops entstand Ende des 17. Jhs., als die hiesigen Quellen bereits in ganz England hoch geschätzt waren. Tunbridge Wells gilt als ältestes Heilbad Englands (seit 1606 dokumentiert).

Info

Tourist Information Centre (TIC)
▪ Old Fish Market | The Pantiles
▪ Tunbridge Wells | TN2 5TN
▪ Tel. 01892-515 675
▪ www.visittunbridgewells.com
   www.heartofkent.org.uk

Hotel

The Spa Hotel ●●●
Das imposante Herrenhaus (18. Jh.), das mit 6 ha Garten über dem Ort thront, verfügt über 69 Zimmer im dezenten

Countrystil, ein Restaurant, eine Bar und natürlich das hochgelobte Spa.

▪ Mount Ephraim | TN4 8XJ
▪ Tel. 01892-520 331
▪ www.spahotel.co.uk

Restaurant

Sankey's ●●
Legeres Fischrestaurant im ersten Stock einer viktorianischen Villa; Bar im Erdgeschoss, Garten.
▪ 39 Mount Ephraim | TN4 8AA
▪ Tel. 01892-511 422

Ausflüge ab Tunbridge Wells

*Sissinghurst Castle Gardens 🎱

Sissinghurst ist das Mekka für Gartenliebhaber. Die Schriftstellerin Vita Sackville-West und ihr Mann Harold Nicolson erwarben 1930 den 2,5 ha großen elisabethanischen Landsitz und schufen hier eine der schönsten Gartenanlagen des ganzen Landes. Sie unterteilten ihre kunstvoll angelegten, heute vom National Trust betreuten Gärten in verschiedene »Räume«: Die Sammlung alter Rosensorten ist weltberühmt, aber mindestens ebenso faszinierend ist der thematische Weiße Garten.

Info

▪ Biddenden Road
▪ Cranbrook, TN17 2 AB
▪ Tel 01580-710 700
▪ www.nationaltrust.org.uk/
   sissinghurst-castle
▪ März–Okt. tgl. 11–17.30 Uhr

*Great Dixter Gardens

In unmittelbarer Nähe zu Bodiam Castle › S. **138** zeigt dieser nur 2 ha kleine Garten rund um einen Herrensitz (15. Jh.) viel Abwechslung. Die Staudengärten, wo Kletterpflanzen, Sträucher und Einjährige geschickt kombiniert werden, ergänzen Wildblumenwiesen und kunstvoll geschnittene Gehölze. Hausherr ist der Gartenbuchautor Christopher Lloyd.

Info

- Northiam | TN31 6PH
- www.greatdixter.co.uk
- April–Okt. Di–So 11–17, Haus ab 14 Uhr; Eintritt £ 8,70
- Sa Shuttlebusse von Robertsbridge Station, vorab buchen, Gesamtpreis £12,50

**Canterbury 🔢

Virginia Woolf verglich Canterbury mit Florenz. Diese bis heute wundervolle Stadt erwuchs aus einer der ältesten dokumentarisch belegten Siedlungen Englands. Die Römer nannten den Ort nach dem hier ansässigen Stamm der Cantii *Durovernum Cantiacorum*.

🔶12 ***Kathedrale

Der hl. Augustinus von Canterbury gründete 598 eine Benediktinerabtei, die die damaligen Könige von Kent förderten. Als Erzbischof Thomas Becket nach Auseinandersetzungen mit Heinrich II. 1170 durch königstreue Barone ermordet und drei Jahre später heiliggesprochen wurde, setzte ein Pilgerstrom zu seinem Grabmal in der Kathedrale von Canterbury ein, der bis heute nicht abgerissen ist. So steht die Hauptkirche der anglikanischen Glaubensgemeinschaft seit über 800 Jahren im Zentrum des Interesses. Vom ersten, 1070 begonnenen normannischen Bau sind Reste erhalten, auf denen ab 1174 das erste bedeutende gotische Bauwerk Englands errichtet wurde. In einer zweiten Bauphase ab 1391 erhielt es seine heutige Gestalt (Ostern–Sept. tgl. 9–17.30, So 12.30–14.30, sonst 9–17 Uhr; Eintritt £ 9,50; www.canterbury-cathedral.org).

Die Altstadt

Im Norden der Domfreiheit steht die **King's School** mit ihrer normannischen Treppe, an der u. a. William Somerset Maugham unterrichtet wurde. Durch das Tor **Christchurch Gate** gelangt man in den mittelalterlichen Stadtkern, zuallererst auf den **Buttermarket Square** mit seinem mittelalterlichen Marktkreuz.

Die Publikumsattraktion **The Canterbury Tales** setzt Geoffrey Chaucers Pilgergeschichten vereinfachend, aber sehr eingängig mit hydraulisch bewegten Figuren um; dazu gibt es einen Audioguide, auch auf Deutsch (St. Margaret's St., März bis Juni und Sept./Okt. tgl. 10–17, Juli/Aug. 9.30–17, sonst 10 bis 16.30 Uhr; Eintritt £ 8,50; www.canterburytales.org.uk).

Im **Canterbury Heritage Museum** wird die Stadtgeschichte lebendig und interaktiv gestaltet (Stour St.; tgl. 10–17 Uhr). Um eine römische Ausgrabung wurde das **Roman**

Museum errichtet – auch hier wird mit Computeranimation und Ähnlichem gearbeitet (Butchery Lane; tgl, 10–17 Uhr).

Ein angenehmer Bummel führt über die High Street bzw. St. Peter's Street zum **West Gate,** einem schönen mittelalterlichen Tor. Von Ostern bis September kann man auf dem River Stour Fahrten mit dem Punt unternehmen (ab Westgate Gardens oder ganz neu mit Park & Punt Tours für £ 12 bereits von Wincheap außerhalb der Stadt. Tel. 07816-760 869, £ 9–15 pro Fahrt, je nach Länge, www.crnc.co.uk).

Malerisch sind auch die **Weavers,** Fachwerkhäuser im Tudorstil, die im 16. Jh. hugenottische Leinenweber bewohnten.

Vor der beliebten **Alberrys Wine Bar** (39 Margaret's Street), startet die rund 90-minütige Ghost Tour of Old Canterbury. Der Führer durch gespenstische Episoden der Stadthistorie ist an Cape und Zylinder zu erkennen (Fr/Sa 20 Uhr, Tel. 07779-575 831, www.canterburyghosttour.com).

Buch-Tipp

Erzbischof Becket und das Thema des Konflikts zwischen geistlicher und weltlicher Macht griffen z. B. Hanna Vollrath in **Thomas Becket** (Verlag Muster-Schmidt), T. S. Eliot in **Mord im Dom** (in »Die Dramen«, Suhrkamp) und Stefanie Jansen in **Wo ist Thomas Becket?** (Matthiesen Verlag) auf.

Info

Tourist Information Centre (TIC)
Hier gibt es den Canterbury Attraction Passport.
▌ 18 High Street
▌ Canterbury | CT1 2RA
▌ Tel. 01227-378 100
▌ www.canterbury.co.uk

Englische Gotik in ihrer ganzen Großartigkeit: die Canterbury Cathedral

Hotels

Millers Arms ●●
Gasthof 10 Minuten von der Innenstadt
mit Blick auf die Ruine einer Wassermühle. Alle 11 Zimmer sind frisch renoviert und heißen nach Charakteren aus
den Canterbury Geschichten. WLAN und
tolles Frühstück.
- 2 Mill Lane | CT1 2AW
- Tel. 01227-456 057
- www.shepherdsneame.co.uk/pubs/
  canterbury/millers-arms

Falstaff Hotel ●●
Alter Gasthof (15. Jh.) mit 46 Zimmern
beim West Gate: Bier und Bett sind hier
gleichermaßen gepflegt.
- 8–10 St. Dunstan's Street
- CT2 8AF
- Tel. 01227-462 138
- www.thefalstaffincanterbury.com

Restaurants/Pubs

Deeson's ●●
Britische Küche aus lokalen Produkten,
Klassiker und ungewöhnliche Zutaten
wie Taube. Eigener Gemüsegarten.
- 25–26 Sun Street | CT1 2HX
- Tel. 01227-767 854
- www.deesonsrestaurant.co.uk

The Canterbury Tales ●
Pub gegenüber dem Marlowe Theatre
mit gepflegter Atmosphäre und Brett-
spielen. Vegetarische Gerichte, abends
gibt's gelegentlich Livejazz.
- 12 The Friars | CT1 2AS
- Tel. 01227-768 594

The Goods Shed ●
Rustikales Restaurant über dem
Farmer's Market, mit dessen Produkten
auch gekocht wird.

- Station Road West | CT2 8AN
- Tel. 01227-459 153
- www.thegoodsshed.net
- Di–Sa 9–19, So 9–16 Uhr.

Ausflüge ab Canterbury

Im Stour Tal: Chilham und Boughton Aluph

Südlich von Canterbury führt die
A 28 durch das liebliche Tal des Flusses Stour, das sich durch kleine Seen
und schöne Dörfer auszeichnet.

Ein ländliches Schmuckstück ist
Chilham 🔢; am malerischen Dorf-
platz lockt das stilvolle Pub
The White Horse (●–●●) aus dem
15. Jh. zum Einkehren (The Square,
Tel. 01227-730 355).

9 km südlich liegt der Weiler
Boughton Aluph am Rand der North
Downs um einen Anger. Vor dem
Flying Horse Inn aus dem 15. Jh.
(The Lees, Tel. 01233-620 914, www.
theflyinghorseinn.com, ●) sitzt man
ganz wunderbar im Schatten und
kann beim Bier höflich einem guten
Schlag oder Fang der Cricketspieler
applaudieren. Englischer geht es
nicht!

Erst-
klassi

Zur Ostküste: Margate 🔢
Hauptattraktion dieses Seebades ist
der kilometerlange Sandstrand. In
unterirdischen Höhlen lagerten
Schmuggler jahrhundertelang ihre
Waren. Für Kunstfreunde ist der
Besuch der **Turner Contemporary** ein
Muss (The Rendezvous, Margate,
Di–So 10–18 Uhr, Eintritt frei,
www.turnercontemporary.org).

Land der Burgen und Schlösser

»My home is my castle« ist nicht grundlos ein uralter Leitspruch der Briten. Daheim ist man in England nicht König, sondern Ritter. Etwa 30 der fast 100 Burgen Englands liegen im Süden und Südosten des Landes nahe des Ärmelkanals, der Achillesferse in der Verteidigung der Insel. Wehrhaft sollten und mussten die Unterkünfte der Könige und des Adels im Mittelalter sein, bis man in ruhigeren Zeiten die zugigen Trutzburgen wohnlicher gestalten konnte – oder sie verfielen. Herausgekommen sind Traumschlösser und romantische Ruinen mit bezaubernden Park- und Gartenanlagen, auf deren Wassergräben oder Teichen sich heute Schwäne und Enten friedlich treiben lassen.

*Dover Castle

Imposant thront die Burganlage auf den berühmten weißen Klippen des Fährhafens. Ihre Bausubstanz stammt weitgehend aus der Zeit um 1180. Hinter den mächtigen Mauern verbergen sich noch ältere Gebäude: Saint-Mary-in-the-Castle ist eine Kirche aus sächsischer Zeit (um 1000), und was wie ein zweiter Kirchturm aussieht, ist der Rest eines römischen Leuchtturms (Pharos), der um 50 n. Chr. von römischen Besatzern errichtet worden sein soll. Besonders beeindruckend sind die unterirdischen Geheimgänge, die in dem Zustand zu besichtigen sind, wie sie zur Zeit des Zweiten Weltkriegs ausgesehen haben. Hier befand sich u. a. das Kommandozentrum, von dem aus Winston Churchill die alliierten Truppen befehligte und die Evakuierung von Dünkirchen leitete, sowie ein Lazarett. (Febr./März Sa/So 10–16, April–Sept. tgl. 10–18, im Aug. ab 9.30 Uhr; Okt. 10–17, Nov.–Jan. Do–Mo 10–16 Uhr; Eintritt £ 16,50).

Die üppigen Rosen von Hever Castle

**Leeds Castle

Aus der Ferne ist Leeds Castle eine der großartigsten Burgen Englands. Der Fluss Len umfließt zwei Inseln, auf denen sich ein scheinbar makelloser Bau aus dem 12.–15. Jh. erhebt. Aus der Nähe besehen, stellt sich allerdings heraus, dass weite Teile des Mauerwerks um 1820 erneuert wurden; die Interieurs sind großteils Reproduktionen aus dem 19. und 20. Jh. Die wildromantische Anlage hat ein Heckenlabyrinth, Gewächshäuser, Vogelvolieren und ein Hundehalsbandmuseum zu bieten. Im Park finden viele Events statt, u. a. Konzerte des Royal Philharmonic Orchestra. (Maidstone, ME17 1PL, März–Okt. tgl. Gelände 10–17, im Winter bis 15 Uhr, Burg 10.30–17, im Winter bis 15.30 Uhr; £ 19,75, www.leeds-castle.com).

*Hever Castle

Tudor-Geschichte atmet das verwunschene Hever Castle. Hier wuchs Anne Boleyn auf, die zweite Gattin Heinrichs VIII. Im väterlichen Wasserschloss hatte ihr der König auch den Hof gemacht. Spä-

ter schenkte er es als Scheidungsdomizil seiner vierten Ehefrau Anna von Kleve. Der Hotelmagnat William Waldorf Astor kaufte das Anwesen 1903, restaurierte es und ließ drum herum ein Tudordorf, einen klassischen italienischen und einen prämierten Rosengarten anlegen. (März Mi–So 10.30–17 Uhr, Castle 12–16 Uhr, April–Okt. tgl. 10.30 bis 18 Uhr, Castle 12–17 Uhr. Im Nov. Mi–So, flexible Öffnungszeiten; £ 15; www.hevercastle.co.uk).

*Scotney Castle

Romantisch präsentiert sich die mittelalterliche Ruine mit Wassergraben, umgeben vom Blütenmeer eines Rhododendrongartens. Sie bildet den Angelpunkt eines märchenhaften Landschaftsszenarios, das erst 1837 im neugotischen Stil geschaffen wurde. Im Juli erklingen Opernkonzerte im Park. (Lamberhurst, TN3 8JN, Mitte Feb.–Okt. Mi–So 11–17.30 Uhr; sonst nur am Wochenende; ca. £ 8,50, www.nationaltrust.org.uk/scotney-castle).

**Bodiam Castle

Diese idyllische Wasserburg aus dem 14. Jh. ist ebenfalls eine Ruine, deren Außenmauern jedoch fast vollständig erhalten und und manche Türme und Wehrgänge sogar begehbar sind. (Mitte Febr.–Okt. tgl. 11–17 Uhr, Nov.–Dez. Mi bis So 11–16 Uhr, Jan.–Febr. Sa/So 11 bis 16 Uhr; £ 6,70.)

Ein nettes Erlebnis ist die Fahrt von Tenterden nach Bodiam mit der historischen **Kent & East Sussex Railway** (www.kesr.org.uk).

Infos von A–Z

Ärztliche Versorgung

Durch den National Health Service (NHS, www.dh.gov.uk) erhalten Touristen in Notfällen kostenlose ärztliche Versorgung. Eine Reisekrankenversicherung abzuschließen ist jedoch ratsam.

Behinderte

Beratung und Unterstützung bietet
- **TFA, Tourism for All UK**
  7A Pixel Mill, 44 Applaby Road, Kendal, Cumbria LA9 6ES, Tel. 0845-124 9971, vom Kontinent: +44-1539-726 111; www.tourismforall.org.uk

Diplomatische Vertretungen

- **Deutsche Botschaft**
  23 Belgrave Square, London SW1X 8PZ, Tel. 020-7824 1300; www.london.diplo.de
- **Österreichische Botschaft**
  18 Belgrave Mews West, London SW1X 8HU, Tel. 020-7344 3250; www.aussenministerium.at/london
- **Schweizer Botschaft**
  16–18 Montagu Pl., London W1H 2BQ, Tel. 020-7616 6000, Fax 7724 7001; www.eda.admin.ch/london

Einreise

Personalausweis (Schweizer Staatsbürger: nationale Identitätskarte) oder Reisepass mit mindestens noch sechs Monaten Gültigkeit.

Eintrittspässe

Freien Eintritt zu vielen Sehenswürdigkeiten bieten der **National Trust Touring Pass** (7 Tage £ 24, 14 Tage £ 29; Familien mit max. 2 Erw. und 2 Kindern bis 18 Jahre £ 48/60) und der **English Heritage Overseas Visitor Pass** (2 Erw. und bis zu 4 Kinder unter 19 für 9 Tage £ 48 oder für 16 Tage für £ 56). Alle Pässe erhältlich über Visit Britain › unten »Information«.

Elektrizität

230 Volt Wechselstrom. Für Steckdosen benötigt man dreipolige Adapter.

Feiertage

Neujahr (New Year's Day), Karfreitag (Good Friday), Ostermontag (Easter), 25. und 26. Dezember (Christmas Day und Boxing Day), sowie 1. und letzter Mo im Mai, letzter Mo im August.

Geld

Das Pfund Sterling (£) ist in 100 Pence unterteilt. Kreditkarten sind in Großbritannien sehr gebräuchlich und funktionieren wie Bankkarten auch bei Geldautomaten. **Wechselkurse** (Stand Juli 2013): 1 € = £ 0,86; 1 CHF = £ 0,69; £ 1 = 1,16 €/1,44 CHF

Haustiere

Zusätzlich zum EU-Heimtierpass gelten für Haustiere bei der Einreise die Bedingungen (Impftierbestimmung plus Ekto-/Endoparasitenbehandlung) des Pet Travel Scheme (PETS). Details über:
- **DEFRA PETS Helpline**
  Tel. +44-870- 2411 710; www.defra.gov.uk/wildlife-pets/pets/travel/ipets, www.ukingermany.fco.gov.uk/de

Information

Sehr informativ ist die Website der britischen Tourismusbehörde **Visit Britain** www.visitbritain.com/de/DE und das Portal www.visitbritainshop.com, über das Bestellungen möglich sind.

- **In England**: Viele Orte haben ein **Tourist Information Centre (TIC)**, das in der Regel werktags 10–17 Uhr geöffnet ist, in größeren Städten und stark frequentierten Orten oft auch abends und am Wochenende.
- **Visit England**
  1 Palace Street (Victoria Station), London, SW1E 5HX
  Tel. 020-7578-1400
  www.visitengland.com
- Auskunft über seine Ferienhäuser erteilt **The National Trust**, Holiday Contact Centre, PO Box 536, Melksham, Wiltshire SN12 8SX, Tel. 0044-(0)844-8002070; www.nationaltrustcottages.co.uk

Maße und Gewichte

Offiziell gilt das metrische System, aber im Alltag sind die alten Einheiten noch gebräuchlich:

- 1 mile (mi.) = 1,609 km
- 1 pint (pt.) = 0,568 Liter
- 1 gallon (gal.) = 4,5459 Liter
- 1 ounce (oz.) = 28,35 Gramm
- 1 pound (lb.) = 453,6 Gramm

Notruf

Feuerwehr, Notarzt, Polizei: Tel. 999.

Öffnungszeiten

- **Banken:** Mo–Fr mindestens 9.30 bis 16.30 Uhr oft auch Sa vormittags
- **Geschäfte:** Mo–Sa mindestens 10–17.30 Uhr, So 12–16 Uhr, in der Hochsaison oft auch länger.
- **Museen:** in der Regel täglich 10 bis 17/18 Uhr. Achtung: manche Sehenswürdigkeiten des National Trust haben sehr eingeschränkte Öffnungszeiten.
- **Postämter** haben mindestens. Mo–Fr 9–17.30 Uhr geöffnet, oft auch Sa vormittags.
- **Pubs:** meist 11–23 Uhr (auf dem Land manchmal 15–17 Uhr geschl.).

Rauchverbot

In öffentlichen Gebäuden, auch Pubs etc., ist Rauchen strikt verboten. Verstöße kosten £ 50 Bußgeld.

Telefon/Handy

Münztelefone nehmen 10, 20, 50 p sowie £ 1-Münzen. »Phonecards« für Kartentelefone verkaufen Postämter, viele Geschäfte und TIC. Handys vom Kontinent funktionieren gut.

- **Telefonauskunft in Großbritannien:** 118 500 (Inland), 118 595 (Ausland)
- **Internationale Vorwahlnummern:** nach Deutschland: 0049; nach Österreich: 0043; in die Schweiz: 0041; nach Großbritannien: 0044.

Trinkgeld

Taxifahrer erwarten 10–15 % des Fahrpreises. Steht auf der Speisekarte »Service NOT included«, gilt fürs Restaurant derselbe Prozentsatz. Im Pub gibt man in der Regel kein »tip«.

Zoll

Für EU-Bürger sind Waren des privaten Bedarfs zollfrei. Für Schweizer gilt: 200 Zigaretten od. 250 g Tabak, 1 l Alkoholika über plus 2 l unter 22 Vol.-%, 60 ml Parfüm od. 250 ml Eau de Toilette sowie andere Waren im Wert bis £ 145.

Urlaubskasse	
Tasse Kaffee	2,50 €
Softdrink	3 €
Glas Bier (Pint)	4,80 €
Cornish Pasty	4 €
Kugel Eis	3,20 €
Taxifahrt (3 Meilen/ 5 km im Durchschnitt)	19 €
Mietwagen/Tag	50 €
1 Liter Superbenzin	2,25 €

Register

Bildnachweis

Coverfoto Land's End © 4Corners Images/SIME/Giovanni Simeone
Fotos Umschlagrückseite © Fotolia/Albo (links); LOOK-foto age fotostock (Mitte), Pixelio/Thomas Max Müller (rechts)
Jürgen Andrews: 55, 60, 63, 65, 69, 71, 77, 89, 104, 107, 112, 129; Alamy/Stephen Bond: 83; Alamy/Carolyn Clarke: 131; Alamy/imagebroker: 22; Alamy/Photicon: 87; APA/Lydia Evans: 35; APA Publication/Mark Read: 10, 122; APA Publication/Phil Wood: 14; APA Publication/Bill Wassman: 102, 117; Bildagentur Huber/Pietro Canali: 66; Bildagentur Huber/Justin Fulkes: 43; Bildagentur Huber/Hans-Peter Huber: U2-2, U2-3; Bildagentur Huber/Tom Mackie: 40, 120; Bildagentur Huber/Fantuz Olimpio: 137; Bildagentur Huber/Maurizio Rellini: 53, 84; Bildagentur Huber/Luca da Ros: 78; Bildagentur Huber/Riccardo Spila: 1; Fotolia/Dual Aspect: U2-1; Fotolia/kevinmarston: 5; Roland E. Jung: 42; laif/Theodor Barth: 18; laif/Gerald Haenel: 51; laif/Tobias Gerber: 119; laif/Gollhardt & Wieland: 21; laif/Miquel Gonzalez: 90; laif/Hoa-Qui/Jann Guichaqua: 114; laif/Loop Images/Graham Lawrence: 73; laif/Le Figaro Magazine: 103; laif/Loop Images/Jerome Lorieau: 100; laif/Berthold Steinhilber: 11; laif/Loop Images/Chris Warren: 99; LOOK-foto/age fotostock: U2-4, 97, 111, 132; LOOK-foto/Holger Leue: 135; LOOK-foto/Ingolf Pompe: 24, 38; LOOK-foto/H. & D. Zielske: 6, 123, 125, 138; mauritius images/Steve Vidler: 33; Pixelio/Thomas Max Müller: 59, 74; shutterstock/Evocation Images: 37; shutterstock/gary718: 92; shutterstock/Jason Ho: 13; shutterstock/James LePage: 57; shutterstock/stocker1970: 109; shutterstock/Emily Taner: 106; Wikipedia (gemeinfrei): 31.

Impressum

Herausgeber: TRAVEL HOUSE MEDIA GmbH, München
Verlagsleitung: Michaela Lienemann
Redaktionsleitung: Grit Müller
Autorin: Dorothea Martin
Redaktion: Martin Waller für Werkstatt München, Buchproduktion
Bildredaktion: Ulrich Reißer
Visuelle Neukonzeption und Layout: Gramisci Editorialdesign, München, und Ute Weber, Geretsried
Titeldesign-Konzept: Gramisci Editorialdesign, München, und Ute Weber, Geretsried
Karten und Pläne: Theiss Heidolph
Satz: Tim Schulz, Mainz
Druck: Stürtz Mediendienstleistungen, Würzburg

© 2013 TRAVEL HOUSE MEDIA GmbH, München
Polyglott ist eine eingetragene Marke der GANSKE VERLAGSGRUPPE.
Dieses Buch wurde auf chlorfrei gebleichtem Papier gedruckt.
ISBN 978-3-8464-0863-6

www.polyglott.de

Liebe Leserin, lieber Leser,

wir freuen uns, dass Sie sich für diesen Polyglott on tour entschieden haben.
Unsere Autorinnen und Autoren sind für Sie unterwegs und recherchieren sehr gründlich, damit Sie mit aktuellen und zuverlässigen Informationen auf Reisen gehen können. Dennoch lassen sich Fehler nie ganz ausschließen. Wir bitten Sie um Verständnis, dass der Verlag dafür keine Haftung übernehmen kann.

Ihre Meinung ist uns sehr wichtig. Bitte schreiben Sie uns:
TRAVEL HOUSE MEDIA GmbH, Redaktion Polyglott, Grillparzerstraße 12, 81675 München, redaktion@polyglott.de

Langenscheidt Mini-Dolmetscher Englisch

Allgemeines

Guten Morgen.	Good morning. [gud **moh**ning]
Guten Tag. (nachmittags)	Good afternoon. [gud after**nuhn**]
Hallo!	Hallo! [**häl**loh]
Wie geht's?	How are you? [hau **ah**_ju]
Danke, gut.	Fine, thank you. [**fain**, θänk_ju]
Ich heiße ...	My name is ... [mai **nehm**_is]
Auf Wiedersehen.	Goodbye. [gud**bai**]
Morgen	morning [**moh**ning]
Nachmittag	afternoon [after**nuhn**]
Abend	evening [**ihw**ning]
Nacht	night [nait]
morgen	tomorrow [tu**morr**oh]
heute	today [tu**deh**]
gestern	yesterday [**jes**terdeh]
Sprechen Sie Deutsch?	Do you speak German? [du_ju spihk **dsch**öhmən]
Wie bitte?	Pardon? [**pahd**n]
Ich verstehe nicht.	I don't understand. [ai **dohnt** ander**ständ**]
Würden Sie das bitte wiederholen?	Would you repeat that please? [wud_ju ri**piht** ðät, **plihs**]
bitte	please [**plihs**]
danke	thank you [**θänk**_ju]
was / wer / welcher	what / who / which [wott_/ huh / witsch]
wo / wohin	where [wäə]
wie / wie viel	how / how much [hau / hau **matsch**]
wann / wie lange	when / how long [wänn / hau **long**]
warum	why [wai]
Wie heißt das?	What is this called? [**wott**_is ðis kohld]
Wo ist ...?	Where is ...? [**wäər**_is ...]
Können Sie mir helfen?	Can you help me? [**kän**_ju **hälp**_mi]
ja	yes [jäss]
nein	no [noh]
Entschuldigen Sie.	Excuse me. [iks**kjuhs** miðə]
rechts	on the right [on ðə reit]
links	on the left [on ðə left]
Gibt es hier eine Touristeninformation?	Is there a tourist information? [is_ðər_ə **tu**ərist infəmehschn]
Haben Sie einen Stadtplan?	Do you have a city map? [du_ju häw_ə **ßi**ti mäpp]

Shopping

Wo gibt es ...?	Where can I find ...? [wäə kən_ai **faind** ...]
Wie viel kostet das?	How much is this? [hau_matsch is_ðis]
Das ist zu teuer.	This is too expensive. [ðis_is **tuh** ikspänn**ßiw**]
Das gefällt mir (nicht).	I like it. / I don't like it. [ai **laik**_it / ai **dohnt** laik_it]
Wo ist eine Bank / ein Geldautomat?	Where is a bank / a cash dispenser? [**wäər**_is ə_bänk / _ə **käsch** dis**pänn**ser]
Geben Sie mir 100 g Käse / zwei Kilo ...	Could I have a hundred grams of cheese / two kilograms of ... [kud_ai häw_ə **hann**drəd grämms_əw **tschihs** / **tuh** kil**ə**grämms_əw ...]
Haben Sie deutsche Zeitungen?	Do you have German newspapers? [du_ju häw **dsch**öhmən **njuh**spehpers]

Essen und Trinken

Die Speisekarte, bitte.	The menu please. [ðə **männ**ju plihs]
Brot	bread [bräd]
Kaffee	coffee [**koff**i]
Tee	tea [tih]
mit Milch / Zucker	with milk / sugar [wið_**milk** / **schugg**er]
Orangensaft	orange juice [**orr**əndsch_dsehuhs]
Mehr Kaffee, bitte.	Some more coffee please. [ßəm_moh **koff**i plihs]
Suppe	soup [ßuhp]
Fisch	fish [fisch]
Fleisch	meat [miht]
Geflügel	poultry [**pohl**tri]
Beilage	sidedish [**ßaid**disch]
vegetarische Gerichte	vegetarian food [**wädseh**ə**tär**iən fud]
Eier	eggs [ägs]
Salat	salad [**ßäl**əd]
Dessert	dessert [di**söht**]
Obst	fruit [fruht]
Eis	ice cream [ais **krihm**]
Wein	wine [wain]
weiß / rot / rosé	white / red / rosé [wait / räd / **roh**seh]
Bier	beer [biə]
Mineralwasser	mineral water [**minn**rəl **woh**ter]
Ich möchte bezahlen.	I would like to pay. [ai_wud **laik**_tə **peh**]